中华民族人文修养经典故事丛书
中小学德育教育系列读本

义

取舍行宜之道

YI
QUSHE XINGYI ZHI DAO

故事系列

编著 李彗生
改编 李 帆

人民东方出版传媒
東方出版社

图书在版编目（CIP）数据

义——取舍行宜之道 / 李彗生 编著；李帆 改编．—北京：东方出版社，2019.9
（中华民族人文修养经典故事丛书）
ISBN 978-7-5207-1128-9

Ⅰ．①义… Ⅱ．①李… ②李… Ⅲ．①品德教育－中国－青少年读物
Ⅳ．①D432.62

中国版本图书馆 CIP 数据核字（2019）第 175703 号

义——取舍行宜之道
（YI QUSHE XINGYI ZHI DAO）

编　　著：李彗生
改　　编：李　帆
责任编辑：蒋建平　陈建华
出　　版：东方出版社
发　　行：人民东方出版传媒有限公司
地　　址：北京市朝阳区西坝河北里 51 号
邮　　编：100028
印　　刷：成都紫星印务有限公司
版　　次：2019 年 9 月第 1 版
印　　次：2019 年 9 月第 1 次印刷
开　　本：880 毫米 ×1230 毫米 1/32
印　　张：10
字　　数：186 千字
书　　号：ISBN 978-7-5207-1128-9
定　　价：39.00 元
发行电话：(010)85924663 85924644 85924641

版权所有，违者必究
如有印装质量问题，我社负责调换，请拨打电话：
(010) 85924602 85924603

“中华民族人文修养经典故事”丛书

前言

在漫漫五千年的历史进程中，中华民族创造了灿烂的中华文化。中华文化为人类的发展做出了卓越的贡献。以儒学为代表的中华优秀传统文化，源远流长，博大精深，熏陶孕育了一代又一代中华儿女，铸造了中华民族特有的气质和品格，铸就了中华民族独特的心理构成、思维方式和文化传统，成为海内外中华儿女的精神家园，是中华民族共同拥有的灵魂的根。历史告诉我们，能否继承本民族的优秀文化传统，是一个民族能否走向繁荣的重要标志。一个具有“精神脊梁”的民族，才是充满希望的民族！

近百年来，由于社会变革的历史原因，中华优秀传统文化的传承和发展遭受到很大的挫折，当今中国，出现了信念危机！我国改革开放历经四十年，中华民族迈进了伟大的复兴时代。当理智面对国家的繁荣时，却发现传统文化、道德意识在我们中间有些失衡，这不能不引起我们的深思和反省。

大力加强对青少年进行民族优秀传统文化的教育，将传统道德与时代精神相结合，普及中华民族优秀传统文化方面的知识，使其精华得以传承并发扬光大，才是中华民族优秀传统文化长盛不衰的希望所在。今天的中小学生，他们中有不少人或只埋头功课、追求分数，期盼金榜题名；或热捧歌星、影星、球星，而对中华文化做出巨大贡献的孔子、孟子及历代圣贤和传统文化却知之甚少，更缺乏系统的学习。只有大力普及推广优秀传统文化，才能使中华民族的优秀文化在他们的心里扎下根，才能使他们更加热爱自己的民族，热爱自己的祖国，肩负起新时代建设强盛国家、强盛民族的历史重任！

编著者结合现代文化传播的时代特点，推出的 “中华民族人文修养经典丛书” 将以孔子为代表的儒学文化精华之忠、孝、诚、信、礼、义、仁、和、廉、恕、智、行等优秀传统经典故事，把孔子之所以成为万代师表的人生轨迹，用连环画形式表现出来，变“阳春白雪，和者盖寡”为深入浅出，通俗易懂。通过大众普及传播方式，让中华民族优秀传统文化在海内外中华儿女乃至全世界民众中广泛传播，中华民族优秀的传统文化就有了发展的空间、成长的沃土，中华民族优秀传统文化这棵参天大树就能根深叶茂！

编辑出版这些人文修养经典故事，意在弘扬中华民族的优秀传统，“子规夜半犹啼血，不信东风唤不回”。希望本书中的故事，能在中华民族文化的传承中，成为提升国民素质的催化剂，去激发中华民族昂然崛起的生命冲动！

“中华民族人文修养经典故事”丛书

李彗生

2019 年 5 月

内容提要

“义”，作为道德规范，是儒学中的重要命题，在春秋初期，即被广泛应用，早有“多行不义必自毙”的说法。义，在五常中居第二位。孔子主张社会要崇尚德性，而“义”是人实现德性的途径。孔子有时也将义作为“德”来使用，“上好礼，则臣莫敢不敬。上好义，则民莫敢不服。上好信，则民莫敢不用情。”孔子认为，个人的得失利害，就受义的制约，所谓“见得思义”，即遇到有所得之时，要想一想是否合乎义，不要见利忘义。孔子说：“不义而富且贵，于我如浮云。”

孟子将“义”分为两种：一是道德原则、标准；二是君臣之间或不同等级的人们之间的一种道德责任。尊敬长者是“义”的表现，不该得到的而得到了是不义的行为。荀子则提倡“隆礼贵义”的道德作用。他认为一个国家是否以“礼”“义”治国，决定着国家的兴衰。荀子认为，人有私利，这是人固有的属性，但个人利益要服从整个社会的道德准则。陆贾、董仲舒、扬雄、韩愈继承了先秦儒家的仁义观，认为仁是人的立身之本，义是人的行为准则。“义”，作为儒家道德思想的重要内容之一，经过几千年的演变，其思想内涵由最初的仪表演绎成重要的道德规范，由重义贬利到义利并重，对规范人的行为，加强人的修养，均起到了重要的作用。在沧桑巨变的今天，我们在义利关系上，既要大力倡导通过合法劳动致富，同时，更要提倡人的行为应坚持正义，合乎公益，人与人之间要重视情义。“义”，仍然是我们评价一个人的人格的重要标准之一。

我们推出的“中华民族人文修养经典故事”丛书——《义 取舍行宜之道》，个个故事独立成篇，图文并茂，简明扼要，像串连的珍珠，紧紧围绕“义”这一道德范畴，自成一家，其故事内容丰富，情节感人。如《苏武持节守大义》：苏武，奉命出使匈奴，被匈奴扣留，后被流放到北海牧羊。作为一名汉朝使节，苏武被匈奴扣留了19年，能在条件恶劣、时间漫长的流放过程中表现出坚贞的民族气节，是多么不容易啊，所以他的名字才能流芳千古。《举大义捐资为国家》：汉武帝时期，因经常同匈奴打仗，耗费了很多钱财，国家钱粮亏空。河南郡一个有名的富户叫卜式，他听到天子诏令，心情非常不平静，回到家中对妻子说：“国家现在因和匈奴打仗而军饷匮乏，我打算上书朝廷，献出我们家产的一半给国家，作为保卫边疆的军饷。”还有一年的秋天，潼关以东的地区发生了水灾，卜式又挺身而出，捐献了20万钱来救济灾民。河南太守上报了在河南地方捐款人的名单，汉武帝又看到了卜式的名字，马上想起了几年前卜式献产报国的事，大为感动。为了表彰卜式深明大义、捐献家产之举，汉武帝向全国公告：卜式对国家忠诚大义，特赐给卜式左庶长爵位，黄金四十斤，田十顷。“位卑未敢忘忧国”，一个普普通通的牧民，在国家困难之际，能够如此深明大义，真是令人敬佩啊！

目录

目录

义

取舍行宜之道

YI QUSHE XINGYI ZHI DAO

义侠豫让自残刺赵襄

1 春秋末期，晋国的大权被范氏、中行氏、韩氏、魏氏、智氏、赵氏等“六卿”把持。豫让曾经在范氏、中行氏手下工作，但没有得到重用。

2 后来他投奔智伯，智伯很尊重他。

3 不久，智伯讨伐赵襄子，赵襄子联合韩氏、魏氏两大家族，合谋灭掉了智伯。

4 赵襄子十分憎恨智伯，他把智伯的头骨作为饮酒用的器具。智伯战败后，豫让逃往山中。

5 豫让感叹地说："士为知己者死。在这世上，智伯是最赏识我的人。我一定要为智伯报仇，来报答他生前对我的恩情。"

6 于是，豫让改名换姓，以受过刑罚而变成残废的"刑人"身份混入赵氏宫中服役，身上暗藏匕首，准备刺杀赵襄子。

7 有一次，赵襄子上厕所，突然感到有些不对劲，便问：“是谁在厕所里面？”

8 豫让手持匕首说：“我要为智伯报仇。”这时赵襄子左右的侍卫围了上来，想要杀死豫让。

9 赵襄子说："智伯死后没有留下后人，豫让作为他的臣下替他报仇，不愧为有义之人。"于是便把豫让释放了。

10 豫让被释放后不久就吞食木炭使嗓子变哑，将漆涂抹在身上使自己患上皮肤病，相貌变得连妻子也认不出来了。

11 豫让的朋友对他说：“你为了替智伯报仇，可以先去侍奉赵襄子，然后找机会刺杀他，那不是更容易吗？何苦把自己的身体残害成这个样子，这样做也太过分了。”

12 豫让回答：“照你的说法去做，先做赵襄子的臣子，然后再刺杀他，这不成了侍奉君主而又怀有二心吗？我之所以把身体残害成这个样子，就是为使今后对君主怀有二心的人感到惭愧！”

13 有一次，赵襄子外出，豫让事先埋伏在赵襄子要经过的桥下。当赵襄子骑马来到桥头，马突然惊跳起来。

14 赵襄子说："这必定又是豫让！"派人一查，果真是豫让。

15 赵襄子指责豫让：“你不是也曾经侍奉过范氏、中行氏吗？范氏、中行氏被智伯消灭了，你不替范氏、中行氏报仇，反而去投靠智伯。智伯死了，你为什么要这样千方百计地杀我？”

16 豫让回答：“我侍奉范氏、中行氏，他们对待我如同一般的人，我也只能以对待一般人的态度回报他们。智伯对待我如同‘国士’，我当然要以国士应尽的职责来报答他。”

17　听豫让这么一讲，赵襄子感叹着流泪道：“豫让先生，你为智伯报仇已经让自己名扬四海，而我为此赦免你的死罪，也有过一次了。但是，你既然决心要实现自己的复仇计划，这次我就再不能赦免你了。”说完，便命令士兵把豫让抓起来。

18　豫让向赵襄子请求：“臣听说贤明的君主不掩盖他人的美德，而忠臣有为君主效死的道义。前些时候，君主已经宽大为怀赦免了臣下的死罪。”

19“你这样做，天下的人都称赞你是一位贤明的君主。今天发生这件事，臣下甘愿伏法而死。”

20“可我还有最后一点愿望，请你把身上的衣服脱下来，允许我用剑刺几下，以表达我为智伯报仇的心愿。如果能够这样，那我就是死了也没有什么遗憾了。我也不敢指望你能答应我这个请求，但这确实是我心中最后的愿望，必须在死前向你表达出来。”

21 听了豫让的话，赵襄子从内心敬佩豫让的义气，于是脱下衣服，交给豫让。豫让拔剑连刺衣服三次，然后说：“我终于可以报答智伯了。”说完，豫让便伏剑自杀。

22 豫让知恩图报，舍生取义，被后人称为“义侠”。

义

取舍行宜之道

YI QUSHE XINGYI ZHI DAO

孟母教子三迁居

1 孟轲是战国时期著名的思想家，他很小的时候父亲就不幸病逝，母亲一个人把他带大。孟轲的母亲很有教养，乡邻们都很尊敬她。

2 孟轲小时候家住在墓地的附近，他和小朋友们经常在户外玩耍，见到人们掘地造坟，也常模仿着大人们玩挖土修坟的游戏。

3 孟母看到后很担忧，心想：小孩子从小的所作所为会影响到他的成长，如果从小就玩这种游戏，长大也绝不会有什么出息。于是，孟母就带着孟轲搬离了原来的住处。

4 孟轲的新家在市场附近，他同这里的小朋友们又有了新的游戏。他们常常模仿商人，不是你扮卖菜的，就是我扮贩盐的，玩得很高兴。

5 孟母觉得，小孩子每天玩这种游戏，长大了不会有什么出息，所以毅然决定再次搬家。

6 孟母经过再三考虑后，把家搬到乡校附近。这样，孟轲和小朋友们玩耍时，就时常模仿学校里老师和学生们的样子，做一些文明的游戏。

7 孟母看到孟轲认真学习的样子，喜在心头，心想：小孩子在这样的环境下成长，长大了也一定能有所作为。于是他们母子俩就在乡校附近住了下来。孟轲在学校学习，进步也很快。

8 有一天，孟轲放学回家，孟母正在织机旁织布。孟母见儿子回来了，便问道：“书念得怎么样了？”孟轲脱口而出：“念完了。”

9 听了儿子的回答，孟母二话没说，拿起剪刀把织机上的布全剪断了。孟轲看到母亲把辛辛苦苦织的布全都剪断了，心想：一定是自己做了错事，就胆怯地问："母亲，孩儿做错事了吗？"

10 孟母把儿子拉到自己身边，对他说："儿啊，世上的书是念不完的，学习更不能间断，就像织布一样，织到中间时如果一刀剪断，那还能织成布吗？你现在才刚刚读了几本书，就认为把书都读完了，长大了能有所作为吗？"

11 孟轲点了点头，明白了母亲为什么要剪断没有织好的布，感到很内疚。从此，孟轲起早贪黑地勤学苦读，以后又拜孔子的孙子子思为老师，终于成了当时天下最有名的学者。

12 孟轲成名以后，同母亲来到齐国。孟轲见了齐王，向他讲述了用仁义来治理国家，国家才能强盛的道理。可是齐王对孟轲的主张却没有一点兴趣，只是给了他官职，却不采纳他的主张。

13 孟轲见治理国家的主张不被齐王采用，心情很不好。孟母看到儿子很忧伤，便问道：“儿啊！这几天怎么不高兴呢？”孟轲怕母亲担心，连忙强笑着回答：“没有呀，我最近不是一直都很快乐吗？”

14 可是过了几天，孟母又发现儿子靠在房子的门柱旁唉声叹气。孟母走上前去问道：“儿啊！你还是和母亲说实话吧。前些天我已看出你不高兴，今天又在这儿长吁短叹，到底为什么啊？”

15 孟轲看着母亲，叹息道：“儿听那些有见识的人说，做官是为了治理国家而不是贪图富贵。现在齐王只给我官做，却不采纳我的主张，所以我想到其他国家去试试。但母亲年龄大了，我怎么忍心让您随我四处奔波呢？”

16 孟母说：“我供你念书，为的就是让你长大成人后能为国家、为百姓多做点事。你不要老挂念着我，我现在身体不是很好吗？”

17 第二天，孟母便同儿子打点好行装，一道离开了齐国。

18 为教育儿子，“孟母三迁”，终于用言教和身教把孟轲培养成才。后来，人们便把孟母教育儿子的这种方法称为“义方”。

义

取舍行宜之道

YI QUSHE XINGYI ZHI DAO

齐继母忍痛割爱

1 战国时期，齐国有个姑娘嫁给了一个新近丧偶的读书人。书生的前妻留下了一个孩子，齐女非常贤惠，对这个孩子像对亲生的孩子一样，倍加疼爱。不久齐女也生了一个儿子。

2 日子虽然清苦，但全家人在一起和和睦睦，其乐融融。天有不测风云，人有旦夕祸福。一天，书生突然患病不起，几天之后就快不行了。在弥留之际，他拉着妻子的手吃力地说："我……我快不行了，对不起你……和孩子。我死后，希望你对他们一样看待，别偏心。"

3 妻子含泪答应了，书生安心地闭上了眼睛。

4 丈夫去世了，齐女从此担负起抚育两个孩子的重任。齐女对两个孩子都很疼爱，有时对大孩子还多照顾些。

5 两个儿子都很懂事，哥俩从小一起长大，相处得比同胞兄弟还亲。

6 看到两个儿子互尊互让，有活争着干，在外面也不惹是生非，母亲心里感到非常高兴。

7 有一天，兄弟二人从田间锄草回来，在路上遇见一个人。他自己不小心打碎了瓦罐，硬说是弟弟打破的，并缠着要求赔偿。

8 弟弟同他说理，那人吵得更凶，两人互相扭打起来。哥哥开始还劝阻，后来看到弟弟吃了亏，气不过，举起锄头还击，没想到一下子把那人打倒了。那人挣扎了一会儿就死了。

9 这时，路人看见了，有人到官府报了案，官员马上赶来了。兄弟二人看到惹了祸，并没逃走，而是站在路旁听候处理。

10 官吏问：“是谁把人打死的？”哥哥说：“是我。”弟弟争着说：“不是他，是我。”

11　兄弟两个争着说是自己，弄得官吏也没了办法。因为当争斗发生时，只有三个人在场，其中一个已被打死了，另外两个又都争着说自己是凶手。这个案子拖了一年多也没有结果，官吏只好提交给朝廷解决。

12　案子上报宰相，宰相看过查验结果和审讯记录，也没法作出判断，心里疑惑：如果说死者不是被打死的吧，他头上明明有伤痕；如果说是被打死的吧，可凶手究竟是谁呢？为什么兄弟两个争相承认自己是凶手呢？

13 后来齐宣王了解到案情，他对宰相说：“现在若是把兄弟二人都释放了，那就宽容了罪犯；若是把二人都杀了，又会冤枉一个无罪的人。”

14“我想最好的办法还是让这兄弟二人的母亲来判断：到底是哪一个善良，哪一个凶狠。”

15 宰相高兴地说：“还是大王有办法，我马上照办。”

16 宰相把那兄弟二人的母亲召到公堂，告诉她说：“你的两个儿子把人打死了，国王以慈悲为怀，决定只处死一个人，想问问你做母亲的愿意处死哪一个？”

17 齐女哭着说："那就把我的小儿子处死吧。"宰相听到后感到意外，便问道："做母亲的都是最疼爱小儿子，你却愿意处死他，这是怎么回事？"

18 齐女哭着说："小儿子是我亲生的，大儿子是丈夫前妻留下的。孩子的父亲在临死前嘱托我：'一定要照看好大儿子。'我当时答应了。现在若是杀死哥哥，留下弟弟，那不成了'以私爱废公义'吗？我不能违背承诺，也不能做出那种只爱亲生儿子而舍弃丈夫前妻儿子的事。"

19 宰相向齐宣王汇报审理情况，齐宣王了解到这位母亲以“公义”为重的行为后大加称赞，下令释放她的两个儿子，还授予她“义母”的尊号。

20 作为母亲，没有不疼爱亲生儿子的，可是照看好前妻留下来的孩子，也是继母应尽的责任。齐国这位“义母”的事迹很令人感动。

义

取舍行宜之道

YI QUSHE XINGYI ZHI DAO

聂政舍身谢知己

1 战国时期，齐国都城临淄，天天熙熙攘攘，云集着各地来的客商。

2 一天，在市场一角的屠宰场内，一个赤裸上身、肌肉发达的彪形大汉正准备屠宰一头牛。只见他飞起一脚就把那头牛踢倒了，紧接着迅速拿起尖刀捅向牛的心窝。牛挣扎了一下就不动了。围观的人连连喝彩。

3 这位屠夫就是当时有名的侠客聂政，以任侠著称，是战国四大侠客之一。他为人粗放豪爽，很讲义气，因为在韩国不慎杀死了人，被迫带着母亲逃到了齐国。

4 在当时的韩国，有个叫严仲子的卿士，与国相侠累发生了一些矛盾，害怕遭到迫害，也逃到了齐国。

5 逃到齐国的严仲子四处寻访刺客，积蓄力量，准备报仇。一日，有人告诉他，隐居在齐国的聂政是一名勇士，为人仗义，肯为朋友两肋插刀。严仲子听说后，就到聂政家去拜访，但去了几次，都没好意思提出自己的请求。

6 此后，严仲子经常到聂政那里去，一来一往两人就熟了。聂政觉得严仲子为人豪爽，讲义气，很乐意与他交往。一天，严仲子带着一百两黄金来到聂政家，把金子放到桌上，然后说："聂兄家里困难，这份薄礼就算我孝敬令堂，请收下。"

7 聂政受宠若惊，忙说：“使不得，使不得，我与兄萍水相逢，怎能受此厚礼。”严仲子抓住他的手，非让他收下不可。聂政进一步解释：“我虽然家贫，但还干着屠夫这个行当，多少挣一点钱，还能养得起母亲。我无功受惠，心里总是不踏实。”

8 这时严仲子让左右的人退下，说：“我喜欢那些孝义高行、性情豪放的人，因此云游各国，到处结交侠士。我早就听说过您的大名，所以前来拜访。这点小礼，只是为了资助您的衣食之用，没有别的意思。再说，我有过仇人，以后可能还需要你帮忙。”

9 聂政终于明白了严仲子的来意，答道：“我现在还要供养母亲，老母在，我不敢轻易以身许人。”严仲子一看没办法，只得辞别。

10 不久，聂政的母亲因病去世了。丧事办完后，聂政独自思量：我只是一个埋没于市井之间的庸碌之徒，毫无德才可言，却得到了严仲子那样的豪门贵族的厚爱，并且不远千里跑来与我结交。士为知己者死，我一定要尽力报答他。

11 于是，聂政来见严仲子，说：“过去因为要侍奉老母，没敢轻易答应您所求之事。现在母亲过世了，您有什么仇要报，就请吩咐吧。”

12 严仲子看到聂政不请自来，很受感动，就说：“我的仇人就是韩国国相侠累。他是国君的叔父，平时护卫众多，防范很严。我虽然多次派人行刺，但都未能得手。今日蒙聂兄不弃，主动来帮忙，我一定多派一些人协助你。”

13 聂政连忙说：“要刺杀的是韩国的国相，而且他还是国君的叔父。行刺他用人不宜过多，人太多，被抓住活口，事情肯定要暴露。如果那样，韩国国君就会把你当成仇人，动用全国的兵力来攻打你。”说完，聂政就独自一个人带着剑出发了。

14 到了韩国，聂政一个人偷偷混进相府，趁人不注意，把侠累一剑捅死了。听到国相的惨叫声，府内一片混乱，卫士们纷纷围上来。聂政左冲右突，看到自己实在跑不出去，就先把自己的面目毁坏，然后剖腹自杀了。

15 国君听说自己的叔父被刺，感到很气愤，下令仔细追查。可聂政把自己的面目毁坏了，实在无法辨认，国君一点线索也没查到。

16 聂政这种“为知己者死”的侠义精神，令人起敬。司马迁在《史记》中对他的事迹进行了记录和描述，突出了他的侠义英雄形象。

义

取舍行宜之道

YI QUSHE XINGYI ZHI DAO

魏奶娘舍身护主

1 战国末年，各诸侯国间你争我夺，烽烟四起，国破家亡、妻离子散的愁云惨雾笼罩着大地。

2 日益强盛的秦国胃口越来越大，不断向邻近的小国发动进攻。野心勃勃的秦王先派大将攻打最近的魏国。魏国的首都大梁很快陷入秦军的包围，魏王的统治在秦军的冲杀声中结束了。

3 秦军占领王宫后，大开杀戒，顷刻间，昔日豪华热闹的王宫血流成河，无数鲜活的生命被残忍地杀害了。

4“少了一个公子！”核对人数的士兵向秦将报告。

5“立刻告示全国，悬赏捉拿魏公子，捉到者赏黄金千两；如敢隐藏，全家抄斩！”秦将大声命令。

6 原来，秦军杀进城时，小公子的奶娘见秦军来势凶猛，知道魏王一家凶多吉少，急忙抱着小公子从角门逃出了王宫。

7 魏公子的这位奶娘早年因家境贫寒被魏王召入宫中，做小公子的奶娘。她为人善良，平时对待公子如同对待自己的骨肉一样。

8 奶娘改名换姓，带着公子逃到了乡下，期望避过秦军的追杀。

9 天有不测风云。一天，奶娘到集市上去买东西，不幸被原来魏王宫的人认出来了。

10“老人家，近来身体还好吧？”那人皮笑肉不笑。“我还可以，只可惜魏王一家，太惨了。”奶娘十分伤心。

11“听说有一位公子被人抱走了，秦军正悬赏捉拿呢。如果能抓到魏公子，赏黄金千两啊！”那人听奶娘提起魏王，满脸贪婪地试探说。

12“唉，当时我只顾逃命，哪儿知道公子们的事。”奶娘发现这人有卖主求荣的企图，连忙搪塞。

13“不可能吧，你是小公子的奶娘，怎么会不知道呢？老人家，隐藏小公子的人可要全家抄斩的，你何必自讨苦吃？”那人软硬兼施。

14“不知道就是不知道，你走吧！”奶娘非常气愤，转身就走。“不要急嘛，魏国已经灭亡了，你何必冒着杀头之罪庇护他呢，不如我们……”

15“见利忘义是大逆不道、贪生怕死的小人所为，我不会做这种忘恩负义的缺德事。”奶娘义正词严。那人只好灰溜溜地走了。

16 奶娘知道那人不会放过他们，急忙赶回家中，抱着公子向山里逃去。

17“我发现了魏公子的下落，请赶紧发兵追捕吧！”那人跟踪奶娘发现了他们的行踪，急忙跑到秦军中报告。

18 秦军如获至宝，即刻派兵去追，可到农家一看，奶娘和公子已经跑了。他们又向山里追去。

19“快，快射箭，他们就在前面！”远远地，秦军发现了踉跄奔跑着的奶娘和公子。

20 奶娘听到后面的喊声，急忙用身体护住公子，转眼间，奶娘无力地摇晃了一下，痛苦地倒下了，但仍紧紧地护着浑身鲜血、奄奄一息的公子……

21　虽然杀害了二人，但残暴的秦王也为奶娘忠义救护幼主的事迹感动了，后来下令厚葬奶娘和公子，并为她修建了祠庙。

22　古往今来，卖友求荣、见利忘义的事屡见不鲜，可这位奶娘却能不受重金利诱，舍生取义，真是难能可贵。

义

取舍行宜之道

YI QUSHE XINGYI ZHI DAO

弦高舍财退秦师

1 公元前628年的一天清早，一阵清脆的马蹄声踏破秦宫周围的宁静，只见一个信使飞身下马，向卫兵递上一封信件。卫兵一见信上的特急密件标志，不敢怠慢，立即传进宫去。

2 睡眼惺忪的秦穆公扫了一眼信件上的签名："杞子！"精神顿时振作，一口气把信读完了。

3 原来杞子是一员大将，三年前被秦穆公派往郑国协助守北城。这一年，郑文公去世，杞子以为是里应外合进攻郑国的好时机，便差人密告秦王："郑国北门在我手中，若派兵速来偷袭，很容易得手。"

4 秦穆公求胜心切，马上任命老臣百里奚的儿子孟明视为主帅，率领兵车三百，偃旗息鼓，悄悄向郑国进发。行军途中，秦军十分谨慎，一路上竟未遇到什么阻拦，不久便静静地踏入南接郑国的滑国境内。

5 孟明视等眼看即将兵临城下，郑国还在梦中，偷袭之计即将大功告成，不禁喜形于色。

6 正在得意之际，冷不防路旁闪出一人拦住去路。只听来者高声说道："郑国使者求见秦国主帅。"

7 孟明视一听，简直不相信自己的耳朵：“谁人求见？”来人又大声复述：“郑国使者弦高，特来求见秦军主帅。”

8 这回孟明视听清楚了，心中不禁大为震惊，立即下令让弦高来到马前，问道：“你有何事求见？”

9 来人友善地说道："敝人弦高。我国国君听说将军远道而来，因时间仓促，来不及写信给您，恐怕对你们诸位失礼，特派小臣来此拜候，并备有薄礼一份犒劳贵军。物轻义重，务请笑纳。"说罢，他把礼单奉上，随后献上4张熟牛皮、12头肥牛。

10 秦军偷袭郑国本意是出其不意，攻其不备，如今大军才入郑国，郑国就派了使者前来犒劳，岂不意味着郑国已有准备了吗？孟明视见偷袭不成，便顺水推舟，一面收下礼物，一面冠冕堂皇地说："听说贵国国君新丧，吾君唯恐晋国乘机进犯，所以特命我部前来协助防卫。"

11 弦高接着回答：“我国夹在秦、晋两大国之间，为了国家安全，军队不得不日夜守卫，不怕有来犯者，请将军放心。”

12 孟明视又问：“如此看来，郑国不用我军援助了吧？”弦高答道：“我们国家虽然实力单薄，为贵军的到来却早已作好了准备。若你们想在郑国驻扎，我们就准备住房和粮草；若是路过，那就负责一夜的警卫。”

13 孟明视听后向副将使了个眼色，对弦高说：“我们这次来不是前往郑国，何必如此费心呢？还是请你回去吧！”

14 弦高走后，孟明视觉得不能空手而归，于是与众部将商量，改变了行进的路线，掉转马头，灭了与郑国相邻的滑国。

15 狡猾的秦将孟明视自作聪明，以为骗过了郑国。可是，他们做梦也没想到，上当的恰恰是他们自己。原来，弦高根本不是郑国使者，只是一个地位卑下的牛贩子。

16 当时弦高正赶着牛群前往周的都城洛邑做生意，在路上，他从一行人口中得知秦军即将偷袭郑国，不禁心急如焚。他想，秦国是虎狼之国，而郑国国君新丧，毫无准备，怎能抵挡秦军呢？赶回去报告，已来不及了。国难当头，自己一定要设法解救。

17 弦高绞尽脑汁，终于想出一条缓兵之计：一面派人日夜兼程赶回郑国，通报敌情；一面自己冒充郑国使者送牛犒劳秦军，好让秦军认为郑国已有准备，打乱秦国的偷袭计划。

18 弦高不过是一个普通的商人，在国难当头之际能够临危不惧，舍财取义，显示了非凡的胆略和智慧。

义

取舍行宜之道

YI QUSHE XINGYI ZHI DAO

荆轲秉义刺秦王

1 一天，富丽堂皇的咸阳宫里，八面威风的秦王嬴政正得意扬扬地看着燕国使臣荆轲呈上的秦国叛将樊於期的人头。同时，荆轲带来了燕国最富饶的督亢的地图。

2 随着地图慢慢展开，嬴政贪婪的双眼眯成了一条缝，仿佛看见督亢的特产大批地流进了秦王宫。

3 突然，一道寒光从地图卷中闪现，刚刚还是毕恭毕敬的荆轲闪电般抓起藏在地图中的锋利匕首，果断地刺向嬴政的前胸。狡诈的秦王异常机敏，在寒光一闪的瞬间就已意识到将要发生的事情，像狐狸一样躲过了荆轲的致命攻击。

4“有刺客呀，快抓住他，杀死他！”

5 一时间，咸阳宫内人声鼎沸，昔日歌舞升平的大殿里刀光剑影，一片混乱。

6 终于，喊声停止了，秦王惋惜地看着倒在血泊中的荆轲，无限感慨地说：“明知不可为而为之，真是大义士呀。传我的命令：厚葬荆轲！”

7 这就是我国历史上家喻户晓的故事——荆轲刺秦王。战国末期，秦国已成为凌驾于其他六国之上的强国。不可一世的嬴政，野心勃勃，他想吞并六国，一统天下，便不断命令军队进犯各小国。

8 一度在秦国为人质以求与秦结盟的燕太子丹也逃回了燕国，燕国已危在旦夕。

9 为了保全燕国，也为了报复秦王对自己的苛毒，太子丹决心不惜一切代价，寻找智勇双全的义士刺杀秦王。可是，重金易得，义士难求。太子丹为此寝食不安。

10 功夫不负有心人。不久，太子丹就从大臣田光那里得知荆轲是一个为人豪爽、武艺高强的侠士。

11 为了能得荆轲相助，太子丹亲自到荆轲的住处，跪地叩头恳请：“荆侠士，为了燕国百姓和我们的国家，请您助我一臂之力。我将终生感激您！”

12“太子请起。勇士在世，不留英名就白活一回。目前国家危难，正是我报国之时，太子请吩咐。”

13 面对虔诚地跪在地上的太子，荆轲连忙施礼，他被礼贤下士的太子丹深深地感动了。

14 自从荆轲答应刺秦王后，太子丹无比激动。为了补偿荆轲的牺牲，他将荆轲奉为上宾，每日里锦衣玉食，良宵美酒，歌舞美女……

15 然而，荆轲并没有沉迷，他在苦思冥想：如何取信于秦王，让秦王召见自己，以便行刺。

16“樊於期！”荆轲想到了在燕国避难的秦臣樊於期。荆轲想用他的生命换取秦王的信任，可太子丹却不忍心，荆轲因此而心情沉重。

17“樊於期自杀了！”为了感谢太子丹的收留之情，也为荆轲刺秦王的成功助一臂之力，樊於期留书自杀了。

18 事情安排妥当，送行的人们长跪河岸为荆轲祈祷。太子丹等人表情悲伤，而荆轲却泰然自若，面对滔滔易水，放声高歌：“风萧萧兮易水寒，壮士一去兮不复还！”

19 一曲唱罢，荆轲接过太子丹捧上来的壮行酒，仰天长啸，一饮而尽。

20 荆轲带上樊於期的头颅，拿起包有匕首的地图，毅然上马，策马扬鞭，义无反顾地奔向了秦国。

21 他那激昂悲壮的歌声，策马而去的英姿，伴着他视死如归的坚毅面庞，永远刻在了人们心中。

22 为了大义，荆轲不惜牺牲自己年轻的生命。他虽没能成功，但他的精神、他的气概永为人们称颂。

义

取舍行宜之道

YI QUSHE XINGYI ZHI DAO

楚霸王死为鬼雄

1“天亡我也，天亡我也！”秋风萧瑟，波涛汹涌的乌江呜咽着。一位身材魁梧、令人望而生畏的大将，正手握利剑对准自己的咽喉，仰天长啸。这个令人心酸的悲壮场面出现在楚汉战争末年。

2 当时，天下群雄四起，都想推翻凶残暴虐的秦王朝，一统中原。几经争战，项羽统率的楚军和刘邦统率的汉军，最后成为势均力敌的两大阵营。双方为统治天下，展开了长达 4 年的惨烈征战。

3 项羽英勇善战，所向无敌，开始时军队力量比刘邦强得多，但他有勇无谋，只知道打打杀杀，却不懂得怎样用计、用兵，楚军逐渐受到由知人善任的刘邦统率的汉军的打击。

4 楚军损失惨重，伤亡很大。到后来，几乎是在汉军的围追堵截中勉强支持。

5 最后，日益强大的汉军利用韩信的计谋，把项羽的军队围困在垓下。“楚军久离家乡，长途跋涉，现在又缺衣少粮，一定十分想家。我们向着楚营唱楚地的民歌，一定可以动摇楚军的军心。”刘邦的谋士献计说。

6“哦，楚国，我的楚国，今天……”一曲曲幽怨缠绵的楚歌，伴着冰冷的雪花，划破寂静的夜空，十分凄楚。“是我们家乡的民歌。”歌声传到楚营，传入士兵的耳朵，勾起了他们心底绵长的思乡之情。

7 昏暗的油灯下，年迈的父母睁着饱经忧患的双眼，企盼儿子的归来；村边路上，忧郁瘦弱的妻儿，渴望着丈夫、父亲的消息……

8 一堆堆燃烧的篝火，映着霸王那痛苦、酸楚的脸。江东父老一张张期待的面庞不停地在他的眼前闪过。

9“弟兄们，过去，我是勇敢的霸王，今天我依然是无敌的。明天我要和大家一起，与韩信决一死战。我们一定能突出重围，杀死汉军，夺下他们的帅旗！”项羽望着楚军将士一张张无精打采的脸，仍然信心十足。

10 第二天黎明，项羽一马当先冲向汉军，无奈韩信的埋伏层出不穷，五千名精锐骑兵又在后面穷追不舍，项羽身边的人已越来越少。

11“抓住项羽，别让他跑了！”汉军的喊声此起彼伏，包围圈也越缩越小。

12“弟兄们，冲啊！”项羽高喊着，挥舞战刀，进入汉军阵中，手起刀落，上百名汉军的尸体已丢在了身后。

13 傍晚时分，项羽带着剩余的士兵，终于冲出了汉军的包围，来到了乌江渡口。

14“大王，快上船过江吧。江东虽小，但也方圆千里，人烟稠密，足够您养精蓄锐、再图霸业。快上船，汉军马上就追来了。”渡口的船工很同情项羽的遭遇，劝他过江避难，再振雄风。

15“楚汉相争已近四载，想我项羽，当年带领八千名江东子弟，渡江西行，意在夺取中原。谁知老天不肯助我，今天惨败，我若返回江东，即使父老乡亲们肯拥我为王，可我怎么对得起死去的弟兄，有何脸面去见江东父老呢？”

16“不，我绝不能回到江东去，我要为弟兄们报仇！”面对滔滔的乌江，和那些丢盔弃甲、伤痕累累的兵士，项羽低缓、沉痛地说着。说完，拔出佩剑，迎向追来的汉军。

17“刘邦用千金买我的脑袋，今天我是必死无疑，就把这颗头送给你做礼物吧！”望着昔日的朋友汉骑司马吕马童，项羽凄惨地说。

18“生当做人杰，死亦为鬼雄。”项羽宁肯轰轰烈烈地死，也不愿苟且偷生。他执着的信念，舍生取义的英雄气概，永远让后世铭记于心。

义

取舍行宜之道

YI QUSHE XINGYI ZHI DAO

张骞遭困心向国

1 为了消灭汉朝主要对手匈奴，汉武帝决定派人出使西域，联合西域民族政权共同对付匈奴。经过认真挑选，汉武帝命张骞担此重任，并赐他代表汉朝威仪与使节身份的旌节。于是，张骞带着随从踏上了西行的漫漫征途。

2 张骞一行离开长安，渡过黄河，进入河西走廊，这一带是匈奴经常出没的地方。张骞的队伍为了避免被发现，不得不经常白天隐蔽休息，晚上披星戴月艰难前进。

3 不料，他们还没有走出河西走廊，就同匈奴骑兵遭遇了。匈奴骑兵仗着人多马快，把他们团团围住。张骞指挥随从沉着应战，拼命抵挡，但终因众寡悬殊而被俘。

4 匈奴骑兵把俘获的汉人送到匈奴单于那儿。进帐的时候，他们想夺走张骞手中的旌节，可是张骞抓得紧紧的，怎么也不肯松手，并义正词严地说：“我是汉朝的使节，这旌节不能放！”

5 “你们是什么人？要到哪里去？”单于问手持旌节走进帐内的张骞。

6“我奉汉天子之命出使西域。请单于下令释放，让我去完成使命。”张骞堂堂正正地回答。

7 单于听了，气呼呼地说：“天下哪有这样的好事！西域的月氏国与我为敌，汉朝使节竟想通过我的地区到西域。要是我派使者经过汉朝到与你们为敌的国家去，你们能允许吗？你不如留下来为我们做事吧。”

8 张骞昂首挺胸，凛然拒绝：“我是汉朝的使臣，岂能做匈奴的官！”

9 单于无奈，只好叫人把张骞鞭打了一顿，然后送给一名贵族当奴隶。张骞的随从人员也被发配给一些贵族当了奴隶。

10 张骞当了奴隶，终日放马牧羊。

11 单于为了磨灭张骞的意志，把一个当地的女奴配给他做妻子。日复一日，年复一年，转眼十多个春秋过去，张骞的头发花白了，他常常遥望长安，始终珍藏着汉武帝亲手交给他的旌节，时时抚摸并勉励自己：只要不死，一定要完成使命。

12 日子一长，匈奴对张骞的监视慢慢松懈下来。当年与张骞一起被俘的随从甘父的骑射本领很高，很得张骞的信任。匈奴放松了看管，甘父于是与张骞联系上了，他们设法通知其余被俘的随从，暗中准备好弓箭和干粮，悄悄打听西行的道路，等待机会逃跑。

13 在一个月黑风高的秋夜，张骞悄悄地拿了旌节、弓箭，邀集了甘父等同伴，骑上马，一口气跑了几十里路，逃离了匈奴人的控制范围。张骞高举旌节，大声对同伴们说："我们的使命还没有完成，我们还不能回去，我们要为国立功，只能前进，不能后退！"

14 同伴们见张骞这么坚决，不再犹豫，都随着他向西疾驰而去。他们人不离鞍，马不停蹄，一天又一天，一夜又一夜，历尽艰难，跑出大草原，跨过大沙漠，翻越冰封雪冻的葱岭，到达了大宛国。

15 张骞一行人等在大宛国稍事停留，准备了一些水草粮食，便离开大宛，经过康居，到达了西域的月氏。张骞手里握着早已脱了漆、掉了毛的旌节，眼中闪着激动的泪花：十多年来含辛茹苦、艰苦奋斗，终于到达了目的地。

16 张骞不辞万里劳苦，不忘担负国家重任，持节不屈义，为汉朝扬国威，开辟西域，与西域各国友好往来作出了贡献。

义

取舍行宜之道

YI QUSHE XINGYI ZHI DAO

苏武持节守大义

1　北风呼啸，大雪纷飞，在寒风凛冽的北海（即贝加尔湖，今俄罗斯境内）岸边，一位牧羊老人双手摩挲着一段出使用的竹节，眼巴巴地望着南方，喃喃地说：“皇上啊，我什么时候才能回到大汉朝啊？”

2　这位牧羊老人就是我国西汉时期著名的人物——苏武。天汉元年（公元前100年），苏武奉命出使匈奴，被匈奴扣留，后被流放到北海牧羊。

3 西汉王朝在当时十分强大。在西汉北方的匈奴经过发展也很强大。汉武帝为了建立和发展同匈奴的友好关系，派苏武作为使者出使匈奴。

4 可是天有不测风云，等到苏武历尽艰辛到达匈奴时，匈奴内部却发生了大乱，原来的匈奴单于被推翻，即位的新单于同汉朝不友好。

5 有一天，单于把苏武等汉朝使者召到大帐中，他用眼睛扫了一下苏武等人，阴险地说：“大汉使者，看来你们是回不去大汉朝了，还是留在我们匈奴吧。我保证不会亏待你们，要官有官，要财产有财产。”

6“我们是大汉朝的使者，绝不会投降你们匈奴，你们还是死了这条心吧。”苏武鄙夷地看着单于说。

7“要是我不放你们回去呢？”“即使我死了，我的尸骨也要运回大汉王朝去。”苏武义正词严地说。无论匈奴单于怎么引诱苏武投降，苏武就是不答应。最后，匈奴单于恶狠狠地说：“那我就让你们一辈子留在匈奴，到死也回不到大汉朝。”

8 匈奴单于把苏武等人流放到气候条件异常恶劣、荒无人烟的北海去放羊，并且对苏武说：“除非等到公羊生了小羊的时候，否则，你永远也回不到大汉朝去。”

9 冬季来临了，北海寒风刺骨，冰雪覆地，苏武穿着破衣服，住在四面透风的破帐里，整天冻得发抖。匈奴不给他任何吃的东西，苏武只能挖地下的野鼠和采集草籽充饥。但种种艰辛，都没有使苏武屈服。

10 与苏武同行的汉朝使者大多投降了匈奴。一天，早已投降匈奴的李陵来见他，苏武鄙夷地看着他，冷冷地说："你不在匈奴大帐里做官，到我这破地方来干什么？"

11 李陵假惺惺地说："你看这里条件多苦啊，哪能在这里过一辈子呢？我看你还是投降匈奴算了。""我是大汉朝的使者，只知道忠于大汉朝，决不会投降。如果我像你一样投降的话，就不至于到了这个地步，可是我不是你。"

12 李陵还不死心，又说："念在咱们都是汉朝人，我可以在匈奴单于面前替你求个情，保证你……""你身为汉朝大将，却不守节义，投降匈奴。像你这样认贼作父的小人有何脸面来见我？你马上给我滚出去。"没等李陵说完，苏武厉声打断他的话。

13 这样，苏武在北海过了十几年，其间匈奴多次派人威逼利诱，但苏武始终没有动摇。他在放羊时每天都拿着出使匈奴时带来的汉节，睡觉时也手握着汉节。天长日久，汉节上的旄尾都脱落光了，汉节也被摸得光亮。每当看到汉节，苏武就想起了大汉朝，更加坚定了回到大汉朝的决心。

14 后来，汉武帝病逝，汉昭帝即位，匈奴和汉朝重新恢复了友好关系，匈奴也终于答应将苏武放回汉朝。汉昭帝以隆重的礼节接待了从匈奴归来的苏武，对他大加赞赏，加官晋爵，给他非常优厚的待遇。

15 苏武出使匈奴时正值壮年，等到他回到汉朝时，头发和胡子全白了。

16 苏武作为一名汉朝使节，被匈奴扣留了 19 年，能在条件恶劣、时间漫长的流放过程中保持坚贞的民族气节，是多么不容易啊！所以他的名字才能流芳千古。

义

取舍行宜之道

YI QUSHE XINGYI ZHI DAO

李膺慷慨勇赴死

1 在一个月黑风高的夜晚，东汉京城雒阳的人们都已入睡了，城里一片寂静。突然，远处传来狗的狂吠声，紧接着小巷里也响起一阵杂乱的脚步声和刀剑的撞击声。

2“差役们又要抓人了。”与此同时，一座大宅院内一片忙乱，大家都着急地催促一个官员模样的人赶快逃走。

3 那人却显得沉稳镇定，反而安慰家人说：“临事不怕危难，有罪不避刑罚，这是做臣子的气节。我如果要逃走，正说明害怕对手。我不能因怕死而放弃正义呀？”他坚决不离开，不久就被抓走了。

4 这人就是东汉著名学者、政治家李膺，他因在与宦官和外戚的斗争中被人陷害而被捕。

5 李膺为人正直，个性孤傲，不随意与人交往。但由于他学问高深，在社会上的名气很大，再加上他那不与世俗同流合污的品格，一般人都以能与他交往为荣，一旦受到李膺接待，就感到身价倍增。

6 当时，宦官和外戚交替把持朝政，政局一片黑暗，下层官员虽然对此深恶痛绝，但也只是敢怒而不敢言。

7 李膺却不吃这一套，他在任司隶校尉期间，严厉执法，不避强暴，令宦官望而生畏。

8 宦官张让的弟弟张朔，仗着他哥哥的权势，贪暴残忍，无恶不作，甚至以杀害孕妇取乐。李膺听说后，义愤难平，派人把他抓来立即处死。

9 张让仗着自己深得皇帝的宠信，哭着请求皇帝处死李膺。

10 皇帝质问李膺为什么先斩后奏。李膺回答说：“过去孔夫子做鲁国司寇，上任七日就诛死少正卯。今日臣到任已几十天了才把横行霸道的张朔处死。我以为自己除害不速而有过，想不到会因及时处死一个祸害而获罪。”

11“反正我已惹祸，死期快到了，特请求皇上再让我多活几日，除掉祸首张让，然后即便把我烹煮而死，我也心甘情愿。”

12 这番有智有勇的话，说得皇帝哑口无言，只得埋怨张让：“这是你弟弟的罪过，怎能怨别人呢？”

13 李膺义无反顾地打击横行霸道的宦官势力，招来了宦官的忌恨，但也赢得了众多士人的敬仰和拥护。

14 那些宦官对他的忌恨越来越深，时刻想置他于死地。

15 后来宦官集团指使人诬告李膺笼络太学生，交结门徒，互相联系，结成朋党，扰乱朝政，败坏风俗。李膺因此而被捕，不久就被判了死刑。

16 临刑前，他的夫人到狱中去探监，哭着说：“你这样无罪而被判死刑，老天真是不长眼！留下我和孩子该怎么办呀？”

17 李膺安慰她说：“这样无罪而死，不是很好吗？有罪被判刑，那才对不起你和孩子。希望你把孩子照看好，长大以后让他知道父亲是怎样一个人就行了。”

18 李膺被押上了刑场。行刑时，他满脸正气，镇定自若，把平时凶狠的刽子手震慑得两手发软，迟迟下不了手。

19 李膺身材高大，想砍下他的头也不容易，刽子手就逼他先跪下，然后再动手，但他坚决拒绝："我自知没做错什么事，让我跪着死绝对做不到。"

20 刽子手无奈，只好请求李膺坐在地上，然后砍了他的头。

21 百姓深深敬仰他这种大义凛然的气度。他死去后，大家都自愿结队为他送葬。

22“人固有一死，或重于泰山，或轻于鸿毛。”李膺舍生取义，他的死不是比泰山还重吗？

义

取舍行宜之道

YI QUSHE XINGYI ZHI DAO

黄浮大义斩徐宣

1 东汉末年，皇帝昏庸，宦官掌权，民怨沸腾。这时一个不畏权势的官员挺身而出，主持正义，为民除害。他就是东海郡行政长官东海相黄浮。

2 东海郡的下邳县，有个地痞无赖名叫徐宣，仗着被皇帝封为“五侯”之一的叔叔宦官徐璜的权势，捞到了下邳县县令的职位。

3 徐宣是个无恶不作的浪荡公子，下邳县百姓都敢怒而不敢言。有一天，徐宣看中了前汝南太守李嵩的女儿，便在打手们的簇拥下闯进李府。李嵩赶忙拦住他们，气愤地说：“你们要干什么？”

4“你家有喜啦，我们县太爷要娶你女儿，快叫她出来吧！”一个嬉皮笑脸的恶棍说。

5 李嚞气得直哆嗦，怒喝道：“我女儿绝不嫁给他这样的人！”

6 打手们推开李嚞，不由分说冲进内宅抢走了李小姐。可怜李嚞手无缚鸡之力，气得当场昏倒。

7 徐宣嬉皮笑脸地在内室对李小姐说："小姐若从了我，保你有享不尽的荣华富贵。"说着便要动手动脚。

8 "啪！"冷不防李小姐使出全身力气给了徐宣一个耳光，并怒斥道："你叔父欺君害国，贪赃枉法，早已激起民愤。你这个狗仗人势的东西，糟蹋了多少良家女子，今天竟敢青天白日，强抢朝廷命官的家眷，触犯王法……"

9“王法？哼！我就是王法。”徐宣摸着火辣辣的脸说。徐宣脸色发青，大吼一声：“来人，把她捆起来，我倒要看看这个小贱人能强硬多久！”手下的人七手八脚把李小姐捆了个结实，拖至后花园。

10 徐宣指着李小姐的脸说：“你今天到底从不从我？”“呸！”李小姐骂道，“你天理难容，我死也不从！”

11　徐宣擦去脸上的痰，咬牙切齿地说：“那我就成全你。”徐宣环顾左右，喊道：“叫弓箭手来！”一会儿，弓箭手蜂拥而来，徐宣咆哮说：“拿弓箭给我射那个小贱人！”顷刻间，李小姐惨死在利箭之下。

12　东海相黄浮听说徐宣竟敢明抢前太守李嵩之女，还残忍地加以射杀，勃然大怒，立刻命令：“把徐宣和他的打手、爪牙捉拿归案，一个也不能少。”

13 黄浮的下属官员都惧怕徐璜，劝告黄浮：“徐宣的叔父手眼通天，朝廷里没人敢惹。这件事关系重大，弄不好会招来大祸，请大人三思啊！”

14 黄浮正气凛然说：“徐宣国贼，今日杀之，明日坐等杀头，死也瞑目。”

15 于是徐宣等被关进了监狱。为了杀一儆百，黄浮决定处死徐宣，并暴尸三天。行刑那天，东海郡可热闹了，刑场上人山人海，百姓无不拍手称快。

16 黄浮为民除了一害，老百姓奔走相告："东海相啊，你可为民做了一件天大的好事！"

17 徐宣的叔父在京城里听说他的侄子被黄浮处死，就怒气冲冲地去向桓帝告状，其他官员则在旁边添油加醋地说："徐宣是徐侯爷的爱侄，黄浮杀他分明是对抗皇上啊！"

18 糊涂的桓帝，听信了宦官们的诬告，下令逮捕黄浮，并判苦役，将他剃去须发，给他戴上脚镣和颈锁。黄浮仅仅是个东海相，却敢不畏权势，置个人安危于不顾，大义凛然为民除害，实在难能可贵。

义

取舍行宜之道

YI QUSHE XINGYI ZHI DAO

王忳行义不为利

1 东汉时有个叫王忳的人，有一次因办事要到京城洛阳。一路上烈日炎炎，酷暑难耐，经过长途跋涉，王忳累得精疲力尽，便走到路边一所空房里休息。

2 王忳刚在一个阴凉通风的地方坐下，忽然听到房子的角落里有呻吟声。他感到很奇怪，走近一看，原来有一个书生打扮的人躺在那里，已是气息奄奄。

3 王忳问他怎么了，书生挣扎着想回答，却说不出话来。王忳忙把耳朵贴近他嘴边，才听见那人用微弱的声音吃力地说：“我……我本来想到洛……阳去，可现在病倒了，看样子也活……活不成了。这里有十两……金子，麻烦你买口棺材把我葬下，剩下的都……赠给你……”

4 书生说到这儿，挣扎了一下便死去了。王忳没来得及问他的姓名、住址，只好买了一口棺材把他埋了。安葬完了以后，王忳又继续赶路。

5 后来，王忳被调到大度任亭长。上任后不久的一天，一匹白马跑到他家，怎么赶也赶不走。第二天，一条丝绸被子又从空中落下来。他感到很奇怪，就牵着马拿着被子去禀报县令。

6 县令也很惊奇，他说："可能上天看你有德行，特意赐给你的，我看你就收下吧。"王忳百思不得其解，但没有别的办法，只好收下。

7 一天，王忳骑着马到邻县去办事，走着走着，那匹马突然狂奔起来，一直跑进一个大户人家。

8“这下可好了，我们丢的马自己回来了，还把盗马贼带来了。”主人听到马的嘶鸣声，忙从房子里跳出来，高兴地喊道。

9 王忳连忙解释说："这马不是我偷的，是它自己跑到我那儿去的。"接着把事情的原委仔细说了一遍。那主人听了也感到很奇怪，敬佩地说："不知你平时积了什么德，感动了上天，给你带去这两样东西。"

10 经他这么一问，王忳忽然想到几年前埋葬书生的事，于是就说了出来。谁知那主人愈发惊奇，忙着催问那书生的相貌如何。

11 王忳回忆着把书生的相貌和衣着描述了一番，话还没说完，那主人突然坐在地上，放声大哭起来：“那书生就是我儿子呀。几年前去京师以后，再也没有音信，想不到已死了几年……”

12 王忳看那人哭得十分伤心，就对他说：“人已死去几年了，您老人家就别太伤心了，免得伤了身子。”老人止住了哭声，又再三感谢了王忳的大恩大德。

13 在王忳的帮助下，书生的父亲找到了儿子的坟墓，打开棺材一看，尸首已经腐烂了，但棺材里还放着一包黄金。原来，当时王忳买棺材时只动用了其中的一两，其余的则原封不动地放在棺材里随书生下葬。

14 王忳的这种高尚行为传开后，人们都交口称赞。

15 书生的父亲备了厚礼登门去感谢，但被他谢绝了。

16 在别人危难的时候，王忳不仅能尽力帮助，而且看到金钱也丝毫不动心，这种义举为后人传为美谈。

义

取舍行宜之道

YI QUSHE XINGYI ZHI DAO

寇恂为国宴贾复

1 东汉时期有个叫寇恂的人，负责镇守颍川。此人虽是个文弱书生，但秉性刚正，深明大义，处理政事也是严肃认真，一丝不苟。

2 一次，大将军贾复的一个部将在寇恂管辖区内杀了人，寇恂没因他是个有战功的军人就放过他，也没因他是贾复的手下而宽贷，毫不客气地把他明正典刑，斩首示众。

3 素以勇猛善战著称的大将军贾复，为东汉王朝的创建立下了赫赫战功，颇得光武帝刘秀的信赖和器重。

4 贾复居功自傲，非常骄横，特别是对那些拿笔杆子的书生一向看不起。当听说自己的部将被寇恂杀了时，贾复非常气愤："一个小小的太守竟敢杀我的部将，老夫从来都没受到过如此的羞辱，我非亲手杀了他不可！"

5 就在这时候，刘秀召贾复回洛阳，正好要路过颍川。贾复暗自得意地说：“我正想报杀将之仇，以解心头之恨，机会马上就来了。将士们，马上备马向颍川进发！”

6 寇恂得到这个消息后，想避开贾复，以免和他发生冲突。他的外甥谷崇以为舅舅软弱，就说：“贾复的部将杀人，理应处死，有什么可怕的？您未免太胆小了吧。”

7“舅舅不必担心，您可以会见贾将军。我带着武器守卫在您的身边，如果他敢对您无礼，我就杀了他。”

8 寇恂看了谷崇一眼，不慌不忙地说：“国家刚刚安定，百废待举。贾将军是个有才干的人，如果现在我和他闹起别扭来，互相成为仇敌，对国家是没有什么好处的，还是以国家利益为重吧。”

9“人家马上就带着军队打来了，您有什么办法应付呢？”谷崇不解地问。寇恂回答道：“我自有办法，你放心吧。”

10 第二天，寇恂叫人准备了许多精美的菜肴、美酒放在路边，等候贾复人马的到来。

11 贾复带着人马，一路上摩拳擦掌，准备厮杀。当他们一进颍川地界，看到的不是敌对的阵营，而是许多人抬着美酒佳肴在等他们。

12 为首的一个官员走到贾复面前，躬身下拜说：“将军一路奔波，辛苦了。寇太守让我们特备美酒佳肴犒劳军士们，望将军笑纳。”

13 士兵们经过长途跋涉，人疲马乏，又累又饿，看到这么好的酒菜，早已馋涎欲滴，没等贾复下令，就纷纷跑过去，三五成群地大吃起来。

14 贾复对于这些酒菜没有理会，也不阻止军士去吃。等军士们酒足饭饱之后，贾复继续指挥军士往城里进发，但军队已不听指挥了。

15 有的士兵在出发前听说寇恂凶神恶煞，现在觉得不是那样，并且还吃了人家的酒菜，因此不愿再进攻。

16 有的士兵因为酒喝得太多，两脚已不听指挥，有的甚至瘫倒在路旁。贾复看到这支混乱的队伍，气得直跺脚。

17 刘秀听说这件事后，把他们都召集起来进行调解。

18 寇恂也主动对贾复道歉说：“我处理事情太草率，没向大将军请教，望贾将军包涵。”

19 贾复看到寇恂如此坦诚，早已羞愧得无地自容。

20 寇恂处事认真，为人坦诚，事事以大局为重，重大义而轻自尊，因此为后人所称道。

义

取舍行宜之道

YI QUSHE XINGYI ZHI DAO

人在曹营心在汉

1 东汉建安五年（公元 200 年）的徐州大战中，曹操的军队击溃了刘备的军队，刘、关、张三兄弟失散。为保护刘备的两位夫人，关羽和刘备的两位夫人被围困在了一座土山上。

2 曹操非常欣赏关羽的英武，于是派人前去招降关羽。关羽提出了投降的三个条件，其中最关键的一条就是“但知刘皇叔去向，便当辞去”。

3 听到去招降的人带回的“条件”，曹操不禁哑然失笑：“知道刘备的去向他就走，我养他关羽图的又是什么？”

4 部下为曹操参谋说：“招降过来后，如果丞相给他的恩惠比刘备给的更多，难道他还能走？”曹操一想觉得有道理，就答应了关羽的条件。

5 关羽见到曹操后，当面就要曹操的“承诺”。曹操说：“我要感召四海，取信于天下，怎能够言而无信呢？玄德如果还在，一定放你走。”

6 关羽又说：“只怕到那时也许来不及向你当面告辞，请不要见怪。”曹操满口答应：“既然应许了，有什么见怪的？”关羽就这样投降了曹操，还带着刘备的两位夫人。

7 为了笼络关羽，曹操给予关羽极高的礼遇，封他为汉寿亭侯，三日一小宴，五日一大宴，上马赠金，下马送银；送美女、送战袍，送世上最快的赤兔马；见关羽爱惜长髯，还用棉纱做囊送给他包髯……

8 后来关羽终于知道了刘备在袁绍那里。一得知刘备的下落，关羽立即就要向曹操告辞。曹操故意躲着关羽，关羽到相府好几次都没能见到曹操。于是关羽写了一封辞别信，派人送到相府，自己则带领二十名随从，保护刘备的二位夫人离开了许昌。

9 当时曹操正在相府议事，先接到关羽的辞别信，不一会儿又收到城门守将的报告。他知道关羽已经走了，不由发出一声长叹。

10 这时有大将提出要去追杀关羽。曹操说："当初招降之时，我曾经答应过他，得知刘玄德下落就可以告辞的，我怎么能反悔啊？"

11 关羽投降了曹操以后，一直受到特别优惠的待遇，对于他的出走，多数人觉得不可理喻，气愤难平，甚至大骂关羽忘恩负义，没有良心。

12 有人对曹操说："他关某人乃是一员汉将，没得到丞相的命令就擅自出走，这是有罪的，难道还不追杀吗？"

13 曹操又长叹一声，说：“云长封金挂印，财富收买不了他的心，爵禄不能移其志，真是我敬佩的人。”

14 见众人没说什么，曹操想了想，又说：“我们应当赶上去……”一些人精神一振，手不由自主地就握住了剑柄。“赶上去为他送行。”曹操说完这句话，那些人又松开了握住剑柄的手。

15 关羽护着刘备两位夫人的车，走得很慢，不久就被曹操等人追赶上了。

16 一番寒暄过后，关羽说：“万望丞相不要忘了昔日之言。”曹操说：“我要取信于天下，当然不会有负前言。我是怕将军在路上缺少川资，特意带着黄金来为你送行的。”曹操的手下马上托过黄金一盘。

17　关羽再三推辞，没有接受曹操的黄金，只接受了一件锦袍，数语之后便告辞往北去了。

18　回到相府，此事萦绕在曹操心头，他忽然想到关羽从许昌往河北，沿路要过许多关口，守关将领见关羽没有过关公文，必然不予放行。我不发出准许放行的命令，那不就像我不放走关羽一样言而无信吗？

19 曹操立刻作出决定，派人快马加鞭前往各关隘传送放行关羽的公文。

20 不料公文还没送到，东岑关的守将已经因为不放关羽出关而被关羽杀了。

21　曹操得到这个报告以后，连忙派心腹将领沿途传示：丞相知道关羽杀了守关的将领，恐怕前面因此拦阻，特别同意准许放行。

22　这个命令还未传达到各个关口，关羽已经过五关斩六将了。关羽到了黄河岸边又被曹军拦住。

23 这时，曹操的守将接到了命令，立即收枪勒马，让开大路放关羽渡过了黄河。

24 曹操当初答应关羽“但知刘皇叔去向便当辞去”，本是招降关羽的策略，而今关羽真要离去，尽管曹操心中矛盾，但终究兑现了承诺，成为守信的千古美谈。

义

取舍行宜之道

YI QUSHE XINGYI ZHI DAO

关云长义释曹操

1 赤壁一役，曹军大败，曹操领着残兵败将落荒而逃。

2 他们一路狂奔，天色已微微发亮，黑云笼罩大地，东南风还在呼呼直吹。忽然间大雨倾盆而下，曹军冒雨前进几个时辰，已是人困马乏，饥寒交迫。

3 突然前面军士禀告："前面有两条路，请问丞相从哪条路走？"

4 曹操问："哪条路近？"军士说："大路稍平，却远 50 里；小路通往华容道，却近 50 里，只是道窄路险，坑多难行。"

5 曹操令人细心观望。不久探军回来报告："小路山边有数处起烟，大路并没有动静。"

6 曹操叫前军走华容道小路。诸将问道："烽烟起处，必有军马，为何反走此道？"

7 曹操说：“岂不知兵书有云‘虚则实之，实则虚之’。诸葛亮多谋，故使人于山里烧烟，使我军不敢从这条道过去，他却伏兵在大道上等着。”诸将听后都连连称是。

8 当时正值隆冬严寒之际，曹军个个苦不堪言。走了一段路程，道路变得平坦，众将说：“丞相，众将士皆已困乏，让我们稍事休息吧！”

9 曹操说："赶到荆州再休息也不迟！"又行不到数里，曹操在马上扬鞭大笑。众将问道："丞相何故大笑？"

10 曹操说："人皆言周瑜、诸葛亮足智多谋，依老夫看来，到底是无能之辈。如果在这里设下伏兵，我们只能束手就擒。"

11 曹操话未说完，只听一声炮响，两边五百名军士整齐摆开，为首大将关云长手擎青龙刀，胯下赤兔马，拦住去路。曹军见了，亡魂丧胆，面面相觑。

12 曹操说："既到此处，只得决一死战。"众将说："人纵然不怯，马力已乏，安能再战？"

13 曹操的一员大将说道：“丞相，我平日听说关羽这人傲上而不忍下，欺强而不凌弱，恩怨分明。丞相从前对他有救命之恩，如果您去与他交涉，或可脱险。”

14 曹操也没有别的办法，只得硬着头皮纵马向前，欠身对关羽说：“将军近来可好？”

15 关羽答道："我奉军师之命，在此等候您多时了。"

16 曹操说："曹操失败势危，到此无路，望将军念昔日之情，放我一条生路。"

17 关羽说："昔日我虽承蒙您的厚恩，然而我已斩颜良、诛文丑，解白马之围，以此作为报答了。今日岂能因私人情谊放走您呢？"

18 原来，当年刘、关、张三兄弟兵败失散，关羽保护着刘备的夫人，在走投无路的情况下，被曹操收留。曹操为争得关羽归服，对他们照顾得十分周到，三天一小宴，五日一大宴，关羽很受感动。

19 关羽是个重义的人，回想起这些，虽然话已说出，但心已动。又见曹军惶惶，皆欲垂泪，更加于心不忍。于是把马头勒回，让众官兵四散开来。

20 这分明是放曹操通过的意思。曹操见关羽回马，便和众将一齐冲过去。关羽回身时，曹操已与众将过去了。

21 关羽大喝一声，曹军将官都从马上下来，跪地哀求。关羽更加不忍心了。正在犹豫间，曹军将领张辽纵马到了眼前求饶，关羽见了，又动了怜悯之情，长叹一声，将曹操一行全都放了。

22 后来有人为此写了一首诗：曹瞒兵败走华容，正与关公狭路逢。只为当初恩义重，放开金锁走蛟龙。

23 义重如山的关羽，把“义气”看得比生命还重要，宁让人负于己，决不负于人。这与阴险奸诈，“宁教我负天下人，休教天下人负我”的曹操形成了鲜明的对照。

24 华容道“捉放曹”，虽然放虎归山，铸成大错，但也铸就了他流芳千古的忠义神武的形象。

义

取舍行宜之道

YI QUSHE XINGYI ZHI DAO

华元救人救到底

1 西晋年间，王公贵族们为争权夺利，爆发了著名的“八王之乱”。一时间，到处血流成河，尸横遍野。

2 为了保证兵源，各方势力到处抓老百姓充军，甚至连十四五岁的孩子也被拉进军队，拿起武器去打仗，弄得百姓们人心惶惶，四处逃难。

3　一天，一支军队又在抓人。大群百姓在前面四处逃窜，兵丁们在后面穷追不舍。其中有两个书生模样的人，赤着脚，喘着粗气，拼命地往河边跑去。

4　这两个人一个叫华元，一个叫鲁仲，都是知书达理的读书人，深受人们尊敬，在当地小有名气。

5 这一天，他们结伴去拜访一个朋友，正遇到穷凶极恶的官兵抓人，吓得拼命逃窜。

6 两人跑到河边，被滚滚洪水挡住了去路，眼看后面追兵就要赶到，急得连连叫苦。

7 鲁仲着急地说："怎么办？怎么办？追兵马上就到了。与其被他们抓到战场上去送死，不如咱们投河自尽算了。"

8 说罢，就要往河里跳。华元一把拉住他，说："别急，别急，看看有没有别的办法。看，前面不是有只船吗？"

9 他们正急得没办法，华元突然发现了一只小船，两人像抓住了救命稻草似的跑了过去。

10 船很小，被洪水冲得荡来荡去，一个大浪过来就可能把它打翻。他们颤颤巍巍地上了小船，摇摇晃晃地向前拼命划，但小船老是被江水冲得东倒西歪，不能按正常航线行走。

11　正当他们气喘吁吁地往前划的时候，忽然听到后面传来一个焦急的呼救声："等等我，等等我，救命啊！"只见一个披头散发的人趴在河边向他们呼叫。

12　鲁仲看那人很可怜，就向华元说："我们救他一命吧，你看他多可怜。""不行，如果我们再划回河边救他，就有可能被兵丁抓到，那样不但救不了他，连我们也完了。再说，船很小，已容不下第三个人了。"华元回答说。

13 鲁仲还是坚持去救他。没办法，华元只好同他一道把船划了回去。那人爬上船后，惊魂未定，一句话也说不出来。增加一个人后，小船又重了许多，就更难划了。到河心后，小船只在原处打转，怎么也不能往前走。三人急坏了，却没办法。

14 这时追兵来到河边，命令他们赶快回来，并开始放箭。利箭贴着头皮嗖嗖地飞，吓得他们趴在船里不敢抬头。

15 这时鲁仲开始后悔不该让后来的那个人搭船。他低声对华元说："还是把他扔到河里，咱们俩跑吧。"说完就往下赶那人。

16 华元却正色道："开始时我不答应搭载他，就是怕船不能承载，现在既然已经救了他就不应该再反悔。我们读书人应该讲道义，救人就要救到底。"

17 说完，他就拿起一块木板站起来遮挡敌人射过来的箭，并且吩咐鲁仲他们一边一个分在船的两边往前划水。三人齐心协力，船开始慢慢往前走了，最后终于过了河，摆脱了追兵。

18“易涨易退山溪水，易反易覆小人心。”华元坚持救人救到底，义无反顾，确实是个道德高尚的人。

义

取舍行宜之道

YI QUSHE XINGYI ZHI DAO

陈东为谏不畏死

1 北宋末年，蔡京与王黼专权，全国上下噤若寒蝉，唯独陈东无所顾忌。

2 有一次，陈东在公共场合大声揭发蔡、王的罪行，言辞激烈，意气风发。听的人怕连累自己都吓跑了。

3 后来，陈东入京城太学读书。宋钦宗即位不久，陈东率领太学生向皇帝上书，义愤填膺地要求诛杀祸国殃民的蔡、王等“六贼”。

4 不久，金兵大举南下。以李邦彦为代表的投降派向皇帝上书要求罢免主张抗战的李纲的职务，并主张将太原、中山、河间三镇土地割让给金人。

5 对投降派的可耻行为，陈东异常愤怒，他再次带领太学生向皇帝上书，强烈要求恢复李纲的职务，罢免李邦彦。

6 当时，随从太学生上书的军民总共有几万人，呼声震天动地。宋钦宗一看情况不妙，只得同意召李纲入殿，恢复他的官职。

7 宋高宗即位后，任命李纲为相，并召陈东来京城。

8 进京后，陈东得知李纲又被排挤离开京师。陈东再也按捺不住心中的愤怒，又一次上书要求把李纲留在京师，罢免奸臣黄潜善、汪伯彦。

9 这一次，宋高宗对上书不作答复。陈东毅然再次上书，强调大敌当前，皇帝应亲自率军作战，至少要坚守在京师，不应退到南京（宋应天府，在今商丘）去。宋高宗对他的上书不置可否，沉默无语。

10 这时，抚州有个叫欧阳澈的人，一路走着来到京城，也向宋高宗上书，揭发黄、汪二人的严重罪行。

11 老谋深算的黄潜善突然灵机一动，想出了一个借刀杀人的办法。他深知宋高宗懦弱怕事，就大肆夸张地说："陛下如果不立即将这两个人处死，杀一儆百，将来恐怕会再次出现那次借上书聚众闹事的混乱局面，有损朝廷威风。"

12 宋高宗一听，心里果然害怕，忙派黄潜善去处理这件事。黄潜善狡猾得像只老狐狸，并不亲自去办，而是命令开封府府尹孟庾办理。

13 接到命令的孟庾，不敢违抗黄潜善的话，以议事为由召陈东到府上。陈东知道这一去就是羊入狼口，但他毫不畏惧，也没有过多的感伤，他请求吃过饭再去。

14 接着他不慌不忙地写好家信，又很有条理地安排好自己的身后之事，他镇静地对随从说：“我死了，你回去把这封信交给我的亲人，叫他们不要为我伤心。我陈东为国为民，死而无憾。”

15 陈东从容不迫地吃完饭，刚要到厕所去方便，前来召陈东入府的官吏怕陈东乘机逃走，脸上露出几分为难的神情，担心地说：“这恐怕不太好吧。万一有个闪失，我可不好交差啊。”

16 陈东爽朗地笑道：“我陈东可是顶天立地的男子汉，若是贪生怕死的话，就不冒死说话了；既然我已经不止一次地大胆说出别人不敢说的话，又怎么会逃跑呢？”

17 官吏一听此话，才放心地让陈东去了。

18 过了一会儿，陈东穿着整齐的衣服，戴上干净的帽子，精神抖擞地走了出来。

19 他向所有的人一一告别，就像以往出门一样，依然满面春风。众人用敬佩的目光依依不舍地望着陈东那高大的背影慢慢地走远。

20 不久，陈东和欧阳澈被同时斩首。陈东被杀后，人们为他深感惋惜。浙江有个叫李猷的人被陈东的凛然大义所感动，他把陈东的尸体赎了出来，认真地把他埋葬了。

21 陈东为了国家的安危，不畏权贵，敢于说话。他死后，认识或不认识他的人，都为他的遭遇痛哭流泪。

22 陈东作为一个普通的读书人，在国家、民族生死存亡的紧要关头，大义凛然，敢于冒死向皇帝进谏，临死前从容不迫，慷慨就义，表现出一名真正的知识分子的高尚品格。

义

取舍行宜之道

YI QUSHE XINGYI ZHI DAO

魏胜抗金换国难

1 北风呼啸，寒冬里树木早已落光了叶子，像一位被剥光了衣服的老人，在寒风中瑟瑟发抖。灰暗低沉的天空中不时盘旋着几只乌鸦，那声声让人心寒的鸣叫，更增添了几分萧瑟与凄凉。

2 中原大地上，到处是烧焦了的房屋，到处是横七竖八的尸体。除了焦房上冒出的缕缕余烟还显示出有一点动静外，根本看不见一个人影，到处是死一般的寂静，偶然打破这寂静的只有几只争食腐尸的秃鹰所发出的厮打声和令人不寒而栗的凄鸣声。这就是几百年以前金兵入侵中原时的景象。

3 在金兵的不断侵袭下，南宋王朝节节败退。金军铁骑所踏过的地方，房屋被烧了，居民被杀了，庄稼被毁了，所留下的仅是一片片焦土和一座座空城。

4 然而在淮北某个村落的打麦场上，却是另一番景象。村民们正手持木棒，挥舞铁锹，在喧闹声中认真操练。虽已是深冬，生龙活虎的小伙子们只穿着单衣，可头上仍冒着腾腾的热汗……

5 突然一个铜钟般的嗓音压倒了众人。只见一个浓眉大眼、身材粗壮的人跳到高处对大家喊道："像我等七尺男儿，不能保家卫国，还有什么颜面活着？金兵若来进攻，我们一定要组织起来，打退他们。大家有没有这个勇气？"

6"有！"众人齐声回答。

7 此人就是家住宿迁县的魏胜。他武艺高强，为人正直勇敢且又精于计谋，因此名震四方，身边常常簇拥着一批血气方刚的崇拜者。

8 看到金兵的入侵和烧杀，魏胜义愤填膺，怒火中烧，便自发组织了一批人经常聚在一块练习武艺，以图有一天能抗击金军，报效祖国。

9　这一年，金军又打到山东。魏胜看到时机成熟，就把手下 300 多人编成一支队伍，自己担任统帅，准备随时抗击金军。山东诸县的人民听到魏胜起兵的消息，纷纷跑去归附，旬日之间就聚集了几千人。

10　当时金兵正围攻苍山县的一个营寨，魏胜决定乘敌不备突然袭击。在一个漆黑的夜晚，他先带着一小队人马悄悄摸到了苍山下金兵的军营。

11 然而不幸的是敌人已有了准备，魏胜发现自己中了埋伏，就决定后撤。但这时已经晚了，敌人从四面八方杀了过来。他一边组织大家突围，一边挥舞大刀在后面作掩护。大刀所到之处，金兵人仰马翻，四处逃散，一会儿就倒下了一大片。

12 突然敌军中有人叫道：“围住那个拿大刀的，他就是头领。”

13 渐渐地，有几百人把魏胜包围起来。但他毫不畏惧，反而愈战愈勇。正当他们激烈冲杀的时候，突然一支冷箭射了过来，正中魏胜的面门，他疼得晃了几下，险些倒下。

14 金兵这时又围了上来，准备捉活的。但他一咬牙，连血带肉地拔下那支箭，把它扔向敌群，大吼一声，又战了起来。吼声把敌人都惊呆了，几百人吓得一哄而逃。

15 这时魏胜的大队人马赶来，大军奋勇冲杀，苍山之围很快解除了。

16 接着，魏胜率领手下又乘胜追击，收复了许多失地。

17 魏胜的名字在四乡八里中传颂。敌人一听说魏胜来了，就吓得心惊胆战，不战而逃。看到这种情况，魏胜就特意让人制了几十面旗子，写上自己的姓，交给诸将带上，等与金兵相持不下的时候，就把旗子打开，敌人一看是魏胜，常常不战而溃。

18 作为一介平民，魏胜不领国家俸禄，没有官职在身，却能挺身而出，组织民众保家卫国，抗击敌人，起到了官军不能起到的作用。这种民族大义足以流芳千古。

义

取舍行宜之道

YI QUSHE XINGYI ZHI DAO

李诚之舍生抗金

1 1221年，南宋时期的蕲州（今湖北蕲春）城墙上，大批工匠正忙碌着加固城墙，修补城楼，安置滚木礌石。城内校场上不时传来雄壮的喊杀声和整齐一致的脚步声。这一切好像预示着有什么事要发生。

2 此时，一位年约七旬的老者在四个佩刀侍卫的陪同下走上城楼来。老者一身儒士打扮，头巾在晨风中飘动。他静立城头，向北方的茫茫天际望去，浑身透出一股莫名的威严。

3 他就是历史上有名的抗金英雄——蕲州知州李诚之。

4 此时，李诚之手捻花白的长须，微微颔首，脸上显出一丝不易察觉的笑意："如此防备，可以抵挡金兵的侵犯了。"

5 他满意地用手摸了摸新补的城墙，用略带嘉许的口气鼓励热汗直流的工匠们。

6 这天是李诚之在蕲州任职期满的日子。他很早就起来，最后看看就要离开的古城。家眷们早就把行李收拾停当，在家中等待李诚之回府一起启程。

7 李诚之四处巡视之后回到府内，见夫人率领全家老小迎出门来。马夫已经把马牵出厩栏，正往满载行李的大车上套。

8 李诚之举起手刚要说走，突然，府外传来一阵急促的马蹄声，一个士兵喘着粗气，风尘仆仆地跑进府来。这个士兵来不及施礼，便大声报告：“大人，金兵大举南下，已距离蕲州不远。”

9 这个消息来得太突然了，偏偏又是在这个时候。府上一时有些慌乱。夫人走上前，急切地问李诚之：“夫君，怎么办？”

10 一个管家模样的人说：“大人在蕲州任期已满，我们还是赶快离开吧。”大家把目光不约而同地投向李诚之，静等他的决定。

11 李诚之来回踱了几步，转过身来，一字一顿地说：“我李诚之一介书生，年近七十，该告老还乡享清福了。可是此刻金敌侵我蕲州，军情火急，新任知州尚未到任。我若一走，蕲州军民必定群龙无首，蕲州城就会落入敌人手中，百姓将遭到金人的蹂躏。”

12“况且，蕲州位置重要，为历代兵家必争之地。蕲州一失，金兵将会长驱直入，我大宋江山难保。我不能走，你们也要留下。我们要和蕲州军民一起抗敌，誓死守住蕲州城，绝不让金兵前进半步！”

13 说完，李诚之便召集将士，安排抗敌之事。他亲自率兵出城迎战，奋勇杀敌。将士们见老知州身先士卒，不惧生死，群情激昂，士气大振，勇往直前，屡次击退敌人的进攻。

14 就这样，李诚之始终坚守着蕲州，金兵锐气受挫，进退维谷。

15 但是，金兵的后援不断涌向蕲州。南宋派冯树前往蕲州接应，冯树率部到达蕲州境内却止步不前，作壁上观。

16 李诚之内心非常愤怒，但他依然镇定自若，鼓舞将士：“冯树贪生怕死，我们不能把希望放在他身上。我们一定要坚守蕲州，舍生取义，为国尽忠。城在人在，城亡人亡！”

17 话音刚落，全体官兵齐声高呼：“城在人在，城亡人亡！”坚定的声音响彻蕲州城上空。

18 金兵再次发起猛烈的攻击。蕲州军民毫不畏惧，奋起反击。城内城外，杀声震天。然而众寡悬殊，蕲州城最终被攻破，金兵潮水般涌入城内。

19 李诚之率众与敌人展开巷战。战斗进行得异常激烈，场面分外悲壮。

20 儿子李士允、侄子李士宏苦战力竭，英勇就义。李诚之见大势已去，无可挽回，长叹一声，含恨自刎。死前他对妻子大声说：“城破人亡，你们不要受金人的侮辱！”

21 李诚之的妻子、儿媳等听后，一起投水赴义，其情其景令人扼腕长叹。

22 李诚之年近七旬，临危不惧，英勇抗金，保家卫国，舍生取义，满门忠烈为国赴难，其惊天地泣鬼神之事迹永远彪炳中华民族史册。

义

取舍行宜之道

YI QUSHE XINGYI ZHI DAO

洪皓守节不降金

1 塞北的深冬，寒风凛冽，大雪弥漫。在一处窄小的地穴里，一位清瘦的老人紧了紧破烂单薄的衣服。虽然靠近燃着的马粪火堆，他依旧被冻得瑟瑟发抖。微弱的火光映着一张憔悴的脸，但他的眼睛却射出一道令人不敢直视的坚定目光。他就是南宋派往金国的使臣洪皓。

2 高宗建炎年间，他奉命出使金国，被金国扣留，因多次拒绝了金人高官厚禄的利诱，被流放到距会宁 100 余里的冷山。

3 冷山地处荒僻，是金国陈王完颜悟室的家乡。洪皓被流放到这里时，悟室对他说：“我听说你为人清正，学识渊博。若归顺大金，我保你有享不尽的荣华富贵。”

4 洪皓鄙夷地“哼”了一声。悟室有些愠怒：“真不识好歹。那你就待在这儿过苦日子吧。不过要教我的儿子念书识字，否则……哼，有你好看的。”

5 就这样，洪皓便在冷山过着艰苦的流放生活，无人供给饮食和衣服。恶劣的环境毁了他的健康，他已是瘦骨嶙峋了。但一想到自己肩负的使命，他心里便腾起一股热力：“我一定要活下去，活着见皇上。皇上啊，您什么时候才发兵北上啊？”

6 在此期间，洪皓多次通过密探向宋朝通风报信。他反对和谈，极力请求宋高宗北上抗金。

7 有一次，宋高宗突然看到李微秘密带回朝的韦太后的亲笔信，激动地问李微：“这封信怎么来的？”“回皇上，这是洪皓冒死从太后那里得来的。”

8 宋高宗长叹一声：“唉，我有二十来年不知母后的消息了。虽然派出上百名使者，都不如洪皓这封信让我宽慰呀！”说完，竟流下了眼泪。但是宋高宗终究没有发兵北上。

9　一天，悟室突然召见洪皓。原来他想南下侵宋，攻取蜀地，特地求问洪皓的意见。洪皓轻蔑地说：“蜀地险恶，你们难以得逞的。”

10　悟室狂妄地举起双臂大声说：“我有什么做不到呢？海洋很大，我能让海水干涸。我最多不能使天地相互拍打罢了。”

11 洪皓一眼也不看悟室，只微微一笑："不要说大话了吧。打仗就像玩火，不加克制，最终会烧到自己的身上。自古以来，还没有人能连续用兵四十年而不止的呢！"

12 讲到这里，他用手整了整衣服，接着说："我来贵国，是为了两国的和好。你们把我押到边塞，让我教小孩子读书，这符合对待使臣的礼仪吗？你应该放弃南下的念头，放我回去才是明智的做法。"

13 这番话激怒了悟室，他勃然作色道：“呵，作为一个被我囚禁的使臣，你的口气还这般强硬，难道我不敢杀了你吗？”

14“你当然可以杀我，可是一个大国滥杀使臣，你应明白会有何后果。我甘愿投水而死，你们就说我是自己坠入深渊算了。”洪皓平静地说。

15 悟室见洪皓毫不畏惧，义正词严，视死如归，心中不免有些震动，便没有加害于洪皓。

16 洪皓义不降金，被金国扣留了15年，直到南北议和后才被遣还。宋朝派往金国的使者被扣囚禁的多达30人，只有洪皓、张邵、朱弁三人活着回来了。

17 洪皓回到朝廷，宋高宗在内殿接见他："洪爱卿，你忠义报国，我要重重嘉赏你。""皇上，只请恩准微臣回家侍奉老母。"

18"爱卿一心为国，义贯日月，就是汉代苏武也比不过你。你怎么能离开寡人远去呢？"

19“老臣年事已高，身体欠佳，不能再为皇上效力了！”洪皓回来后已知高宗信任秦桧，处处以妥协退让为原则，与金人苟安求和，因此决定离开。

20 洪皓作为一名使臣，羁留金国，历尽千辛万苦，九死一生，义不降金。他的坚贞气节和高尚情操永远为人们所敬仰。

义

取舍行宜之道

YI QUSHE XINGYI ZHI DAO

胡长孺惩贪救灾

1 元朝武宗年间，浙江东部发生特大天灾，青苗枯萎，土地龟裂，颗粒无收。百姓四顾茫然，人心惶惶。生活越来越困苦，不久就有人携家带口，背井离乡，逃命去了。很快，出走他乡的人越来越多，路上到处是逃难的穷苦人，不时传来孩子饥饿的哭喊声和老人垂危的呻吟声。

2 路边的荒草在厉风中发出尖锐的啸声，随处可见白森森的骸骨。乌鸦“哑哑”地叫着在低空盘旋，寻找着可以填饱肚子的腐尸。整个世界呈现一副惨不忍睹的凄凉景象。

3　官府看到惨重的灾情，害怕饥饿的灾民聚起来闹事。至大元年（1308年），浙江宣慰使脱欢察倡议赈灾，向富户征收150万钱的赈灾款，由脱欢察亲自到各县发放救济款。

4　脱欢察来到宁海县。公事办完之后，他找到宁海主簿——因与丞相不合而被贬的胡长孺，悄声对他说："胡大人，宁海的公务已经办妥，今天我要离开这里到别的地方去视察。临走之前，有一事相托，不知胡大人是否愿意帮忙？"

5“什么事？宣慰大人请讲，不必客气。”脱欢察一听，面露喜色，指着带来的一个箱子说：“这里是剩下的 25 万钱救灾款，暂时寄放在你这儿，千万不要让别人知道。事后我绝不会亏待你的。”说完，也不容胡长孺推辞，便离开宁海到邻县去了。

6 胡长孺一听便知脱欢察话中之意，他是想把这笔巨款据为己有。胡长孺义愤填膺，拍案怒骂：“这个贪官！百姓在死亡线上挣扎，他竟要把救命钱装到自个儿的腰包里，把百姓看得草芥不如，可恨可恨！不行，我决不能让他得逞。”

7 第二天，县衙前排满了领取灾款的百姓。他们是看到胡长孺的告示后兴冲冲地赶来的。只见两个差役坐在一排桌子后面，一个记录，一个发钱，一边还高声叫着：“张王氏，50 钱；李三郎……”领了钱的人，用颤抖的双手数着拿到的救命钱，泪眼婆娑，激动得泣不成声：“谢谢！谢谢胡大人的恩德。”

8 一个月后，脱欢察回到宁海县找胡长孺要钱。胡长孺命人抱出发救济的花名册给他看，指着上面的数据说：“大人，您留下的钱一分不少，全记在上面。”

9 脱欢察一看，气得火冒三丈，朝着胡长孺吹胡子瞪眼睛，大声咆哮道："好你个胡长孺，想不到你如此不识抬举。谁给你的胆子，竟敢如此放肆？"

10"大人息怒。灾情十万火急，百姓眼看便会饿死，外面那么多灾民等待救济，我怎么忍心把救命的钱捏在手里呢？而且官府的文书写得明明白白，我想您必定同意我这样做，因此就没有等到您回来。"胡长孺不卑不亢地说。

11“巧舌如簧，花言巧语，你倒有理了，我看你这主簿是干得不耐烦了吧。”脱欢察上前一步，目露凶光，咄咄逼人。

12“我胡长孺为官多年，为国为民，问心无愧。”胡长孺毫无惧色地回敬道。

13 脱欢察见胡长孺义正词严，根本不吃他那一套，心中非常窝火，但毕竟做贼心虚，不好发作。

14 他一想到胡长孺一向的耿直脾气，权衡利弊之后，态度来了个一百八十度的大转弯，假惺惺地说："原来如此。胡大人为民着想，做得对，做得对。我完全赞同。宁海县有胡大人这样的清官，真是百姓的福气啊！"

15 说罢，脱欢察“嘿嘿”地干笑了几声，灰溜溜地走了。

16 胡长孺为官清廉耿直，重义轻利，不畏权贵，仗义救灾，深得百姓爱戴。

义

取舍行宜之道

YI QUSHE XINGYI ZHI DAO

黄钏抗倭死不屈

1 一望无际的茫茫海面，汹涌的波涛愤怒地拍打着海岸。

2 这时，一群凶神恶煞般的匪徒在海岸上狂呼乱喊。他们穿着宽大的衣衫，有的手里拿着大刀，有的拿着长矛。这群被称为“倭寇”的日本流氓、武士、海盗，在明朝时期经常侵犯我国沿海，到处烧杀抢掠，无恶不作。

3 在这群强盗中间有一个被绑着的人，昂首挺胸，毫无惧色，他就是抗倭名将黄钏。

4 倭寇们跳完舞，团团围住黄钏。一个强盗头子说：“投降吧！不然，我们就在这里将你杀死。”

5 黄钏大义凛然地回答说：“动手吧。无论如何，我也不会向你们这群强盗投降的！”“你难道不怕死吗？”“大丈夫为国而死，死有何憾，我害怕什么呢？”

6“好！我们就成全你。”倭寇首领恶狠狠地说。倭寇们抬来了一口铜铡，放在黄钏身旁，将黄钏的双脚放在铡刀下，刽子手抬起了铡刀。首领阴森森地问：“再给你一次机会，投降不投降？”

7 黄钏面不改色，大声骂道："你们这群残害人民的匪徒，我绝不投降。"

8 首领一挥手，刽子手的铡刀按了下来，黄钏的双脚登时被铡掉，鲜血四溅。黄钏的脸色立即变得煞白，但仍大骂不止。

9 黄钏的下半身又被铡掉了，他的双手还指点比画着，大声叫骂。黄钏的头被铡了下来，双眼仍愤怒地圆睁着，似乎还在痛骂倭寇……

10 倭寇们被黄钏的英雄气概吓破了胆，不敢正视黄钏怒睁的双眼，胆战心惊地仓皇逃跑了。

11　黄钏是明朝时温州地区负责军事的长官，他为人正直，智勇双全，是一员抗倭的名将。

12　黄钏对倭寇入侵我国沿海地区的行为深恶痛绝。他看到倭寇在沿海地区胡作非为、残害百姓，就下定决心要扫除这些倭寇。

13 他对手下人说：“这些倭寇太猖狂了，如果我遇到他们，一定要杀他们个片甲不留。”

14 为防止倭寇入侵，黄钏作了充分的准备。他积极地训练军队。他的军队纪律严明，英勇善战，在历次打击倭寇的战斗中都取得了重大胜利。倭寇一听是黄钏的军队就胆战心惊，他们私下里说：“打仗千万别遇上黄钏，否则就没命了。”

15 黄钏听了敌人的传言，笑道："好，你们知道我黄钏的厉害，就赶快滚蛋吧！"

16 倭寇们对黄钏恨得咬牙切齿，黄钏成为他们的心头之患。他们知道，要想在浙江一带胡作非为，非得除去黄钏不可，于是，他们调集重兵围攻黄钏。

17 黄钏指挥军队多次给倭寇以沉重打击，但终因寡不敌众，在一次战斗中被倭寇抓获。倭寇们先是威胁要黄钏投降，结果碰了一鼻子灰。见硬的不行，他们就来软的，只要黄钏以后不与他们作对，就给他一箱子金银财宝。黄钏笑着说：“你们难道不知道我黄大人不爱钱吗？”

18 倭寇们劝降不成，恼羞成怒，残忍地杀害了黄钏。

19 黄钏死后，浙江人民奋起反倭，终于将倭寇赶跑了。

20 黄钏在倭寇面前，始终保持民族气节，不出卖国家和人民利益，英勇就义，成为流芳千古的义士。

义

取舍行宜之道

YI QUSHE XINGYI ZHI DAO

官禄有价义无价

1 明朝末年，在东北地区的辽阳城，硝烟弥漫，杀声震天，明朝军队和后金（后改国号为清）军队正在进行着激烈的战斗。

2 辽阳城头上一个将官，面孔被炮火熏得漆黑，身上伤痕累累，战袍被鲜血染红了，但他依旧战斗着，挥着鲜血淋淋的大刀，大声叫喊着，把后金士兵一个又一个砍下城去。

3 他就是明朝的辽东巡按张铨。张铨性情刚烈，有勇有谋，在这次战斗中负责指挥军队守城。

4 但是敌方的攻势越来越猛，忽然，城墙被炮火轰出了一个大缺口，大批敌方士兵从缺口处涌了进来，辽阳城最后终于失守了。

5 辽阳城被攻陷后，明朝军民陆续投降了后金军队。张铨也被捉了，但他拒绝投降，敌军士兵把他押到了后金主帅努尔哈赤的大营。

6 士兵逼着张铨跪下，他却两腿挺直，坚决反抗，并义正词严地说：“我身为明朝大臣，岂能向你们屈膝！”张铨力气很大，几个敌军士兵都扭不过他，最后没办法，只得让他站着。

7 这时努尔哈赤让左右的人退去，和颜悦色地招呼张铨坐下，对其好言相劝，希望他投降。

8 但是张铨却从容地说：“我受朝廷厚恩，理应为国效力。这次辽阳失陷，罪责在我，只求一死，以谢天下。如果叫我投降，绝对办不到。你最好别劝我干那种遗臭万年、让人耻笑的事。”

9 努尔哈赤看到实在不能勉强，只好说：“捉到的战俘，既然不愿活着，难道还能养着他吗？拉出去斩了。”

10 努尔哈赤的儿子皇太极也来劝解张铨：“过去宋朝的徽、钦二宗，为以前的大金皇帝所擒，尚且屈膝叩见，最后得以受封公侯，何况你一个普通臣民。我敬仰你的义节，想使你活下去，所以才给你讲此事来提醒你。你不要执迷不悟啊！”

11　张铨回答说：“你无非是劝我活着。但是，徽、钦二宗乃是亡国之君，他们的屈膝投降几百年来遭到后人的耻笑。我主意已定，希望不要多费口舌。”

12　缓了一口气，张铨又说：“我虽已打定死的主意，但还是希望能宽限几天。当然，这几天不是要考虑投降的事。”

13 努尔哈赤见无法劝降他，就把他关在了废弃的官署之中。

14 皇太极还是不死心，派人继续劝降。张铨坚定地说：“你们不是崇尚我的节义吗？如果我投降，这种节义也就不复存在了。所以除死之外，别无选择。”不久以后，张铨找了个机会，自刎而死。

15 张铨死后，皇太极为他修墓埋葬，并刻碑纪念，表达了无限的敬仰。

16 在生与死面前，张铨以死来保全自己的气节，最终连敌人也对其敬仰不止，他与那些屈膝投降的可怜虫相比，是多么高尚啊！

义

取舍行宜之道

YI QUSHE XINGYI ZHI DAO

夏完淳严辞斥叛

1　清朝初年，在江南重镇京口的长江江面上，战舰云集，杀声震天，江岸上抗清义军正在进行着军事演习。将士们操刀挥矛，奋力呐喊，极为威武，雪白的锋刃在阳光下闪着耀眼的光芒，到处是一片威严壮观的景象。

2　阵阵江风吹得杏黄大旗猎猎作响，舒展的旗帜下，一位少年按剑站在船头，观看士兵们操练。此人相貌端庄，双目有神，那略显稚气的脸上透着几分沉稳和刚毅。他就是年仅 15 岁的著名抗清义士夏完淳。

3 在父母的影响下，夏完淳少年老成。才华横溢，他常常和成年人一起谈论天下形势，具有一般成人所不及的思想和志向，15 岁就已经成为抗清义军的主帅了。

4 此时的夏完淳站在船头，思绪像江水一样翻腾。他回想起这几年的斗争形势。清军自从入关以来，对百姓任意烧杀抢掠，到处都是焦房残屋，一片哀鸿遍野的惨景。面对清军的暴行，他和陈子龙等人曾几次组织队伍进行抗击，但都失败了。现在这支抗清队伍终于发展起来了，他怎能不高兴呢？

5 夏完淳等人率领义军活动在江南一带，给清军以沉重的打击，引起了清朝统治者的恐慌和忌恨。清廷曾悬赏万两白银捉拿夏完淳。

6 在一次与清军的战斗中，由于叛徒告密，夏完淳不幸被捕。

7 清军把他押到南京，由主帅洪承畴亲自审讯。

8 洪承畴原来也是明朝将领，在辽东与清军交战中战败投降，一直遭到人们的鄙视。此刻，他坐在军帐中，拍着桌子厉声问道："我看你满脸稚气，不过是个孩子，今年多大年纪？""十六岁！"夏完淳昂起头来，傲然回答。

9 洪承畴早就听说过夏完淳的名字，知道他很有才华，假装和善地说："你还只是一个孩子，怎么会发兵叛逆，肯定是被贼人迷惑了。你小小年纪就这么有才华，若是归顺朝廷，将来前程肯定远大，老夫我保你做大官。"

10 夏完淳也认出了这个将领就是叛将洪承畴，听了他的话，只是冷笑，假装不懂地说："我常听人说亨九（洪承畴字亨九）先生是本朝杰出人物，他在抗击清军的战斗中血染疆场，事迹感人。我敬仰他的忠烈义气，年纪虽小，杀敌报国怎能落后于他呢？"

11 夏完淳这些话还没说完，洪承畴已羞得无地自容，不知如何回答是好。

12 站在一旁的差官厉声呵斥道：“休得胡说，眼前的这位就是洪大人。”

13 夏完淳装作不相信，并且借机痛斥说：“亨九先生死于国难很久了，天下谁人不知！天子曾经亲自祭奠他，泪流满面，群臣失声痛哭，都赞扬他的‘臣节如山’。你这叛贼不知羞耻，竟敢假借亨九先生的大名，玷污他的忠魂，还寡廉鲜耻地劝说别人投降。”夏完淳越骂越怒，最后竟跳了起来。

14 洪承畴被一顿臭骂，神色沮丧，无言以对，最后只得无力地对手下摆摆手说：“把他带下去吧！”

15 洪承畴看到无论怎么劝说，夏完淳也不会投降，并且自己屡遭痛骂，最后恼羞成怒，终于对他下了毒手。

16 在一个深秋的上午，西风萧瑟，满目衰草枯叶，人们怀着沉痛的心情早早地来到刑场为夏完淳送行。行刑前，他依然昂首挺胸，面色从容。

17 大家被他那凛然正气感动了，许多人都不愿看到他被杀的一瞬，纷纷低下头掩面而泣……夏完淳被杀时年仅 16 岁。

18 有志不在年高。少年英雄夏完淳的一生虽然短暂，但他留给后人的不只是抗清的事迹，更主要的是他那为民族大义宁死不屈的凛然正气。

义

取舍行宜之道

YI QUSHE XINGYI ZHI DAO

武训行乞办义学

1 清朝光绪年间，山东临清御史巷的一家义塾里，一位老者平静地躺在床上，病魔已把他折磨得奄奄一息。他正在度过生命中的最后时光。

2 耳边传来琅琅的读书声，他听着感到很满足，脸上竟微微泛起了红潮。往事真真切切地浮现在他的眼前，他仿佛又回到了年轻时行乞兴办义塾的时候。

3 他，就是中国历史上有名的贫民教育家、慈善家武训。武训自幼家境寒苦，没有名字，因在家中排行第七，所以人们喊他“武七”。武训七岁时死了父亲，生活更加贫困。母亲只得带着他沿街讨饭。武七很懂事，好不容易讨来一点钱，自己饿着肚子，买来好吃的孝敬母亲，人们都夸奖他，有人也因此多给他点钱。

4 一天，武七讨饭时经过一所大房子，忽然听到里面有读书声，便好奇地趴到窗户上向里看，只见十几个和他一般大小的孩子正在念书。他羡慕极了，心想：要是我能和他们一样该多好啊！

5 小武七很难过，他知道自己没钱念书，幼小的心里暗暗发誓：“等我长大了，我一定办一所学校，让没钱的孩子都来念书。”

6 母亲病死后，武七开始给人帮佣，还上街讨饭，把得来的钱寄存在信得过的人那里代存生息。30 多年后，他已置买了 230 亩地，积资 3800 余吊。

7 但是，武七仍然穿破衣裳，白天要饭，晚上织布，也不娶妻。人们都感到很奇怪。

8 几年后的一天，武七突然变卖了所有的田地和家产，在柳林镇开设了一所义塾。人们恍然大悟，武七讨饭织布，过艰苦的日子，全是为了办义塾。

9 在义塾开学时，典礼开得非常隆重，远近的名流都来了。武七换了一身干净朴素的衣服，首先走到聘来的塾师面前，深深一躬说："先生，我小时候没钱念书。如今特地聘请您来，给这些像我当年一样的孩子们上课。我先谢谢您了，希望您能好好教育他们。"

10 然后，他又转过身来面对着学生们说："孩子们，你们终于有了读书识字的机会，一定要好好学习啊！"说着说着竟激动得流下了眼泪。

11 典礼结束后，武七准备了丰盛的酒席款待塾师，而他自己却静立在门外，宴会后才吃了些剩菜剩饭。有人不解地问他："义塾是你出钱办的，应该与塾师同席共饮，怎么站在门外，还吃剩饭呢？"

12 武七笑了笑，又一脸严肃地说："我是个讨饭的人，身份贱，哪敢和塾师们平起平坐！"

13 此后，武七常到义塾来了解情况。有一次，他发现塾师白天睡觉，就默默地跪在床前。塾师发觉后慌忙起身，羞愧得不停道歉。有的学生不努力学习，武七知道后，一边哭泣一边劝勉。义塾的师生很受震动，互相劝诫勉励。

14 官府为了表彰武七办义学的事迹，给他起了个名字“训”。从此，人们就叫他武训了。

15 武训兴办义学后，对周围影响很大，有人也开始办起义塾。有一次，武训去馆陶，馆陶里的一名僧人也在办义塾，但资金不足。武训二话没说，出钱帮他把学校办了起来。后来，他又积资 3000 余吊，在临清设立义塾。至此，武训先后在堂邑、馆陶、崇贤、临清设立了 4 所义塾。

16 武训兴办义学的事后来传到山东巡抚那里，巡抚也受了感动，把这事上报到朝廷。朝廷授予他“义学正”的名号，还特赏穿黄马褂，这在当时是很高的荣誉。

17 想到这里，武训的脸上泛起欣慰的笑意：“我实现了一生的愿望，可以放心地走了。”他长出了一口气，安详地闭上了疲惫的眼睛。

18 武训本是一名乞丐，却能靠乞讨兴办义学。他的精神是何等高尚啊！

义

取舍行宜之道

YI QUSHE XINGYI ZHI DAO

杨儒大义为国全

1 东北的严冬，北风呼啸，鹅毛大雪铺天盖地，天地间银装素裹，一片萧瑟，路上几乎不见行人。

2“啪，啪，啪！”三声清脆的马鞭声从清廷驻俄公使的大院中传出，一辆四匹马拉的大车匆匆从院中跑出，一个身穿清朝官服的人昂首坐在车上，向沙俄侵华军队驻地驶去。

3 风雪打着旋儿地扑向马车，车夫感到分外寒冷，可车上的人似乎没有感到刺骨的寒风和扑面的雪花，炯炯有神的双眼观察着周围的一切，嘴角浮着胜利的微笑。他，就是不畏沙俄的清朝大使杨儒，这次是专程前往沙俄驻地回信的。

4 清朝末年，清廷腐败无能，西方列强纷纷伸出罪恶的战争之手，入侵中国，企图使中国成为自己的殖民地。作为近邦的沙俄，也以为中国软弱可欺，乘机侵犯了东三省，并以武力逼迫清廷签订出卖东北土地的条约。

5 一心追求安逸生活的慈禧太后，不是调集军队以牙还牙，而是电令杨儒与沙俄谈判，苟且偷安。

6 接到“签约与否，自行决断”电令的杨儒，心潮澎湃，既为朝廷的妥协退让而气愤，又为自己责任重大而不安。他决心尽自己的能力，保护国土的完整。

7 “杨先生，只要你肯在条约上签字，我们两国就是永远的朋友了，你就是大功臣了，我国政府是不会忘记杨先生的。只要你开口，什么条件我们都会满足你的，那时你就有享不尽的荣华富贵了……杨先生，请吧！”沙俄财政大臣维特得知签约的关键是杨儒，便找上门来，诱劝杨儒。

8“不，我绝不做这卖国求荣的事。东三省是大清的，岂能拱手让人！”杨儒大义凛然地反驳。

9“杨先生，你不签字，一定是怕你的政府以后降罪吧？没关系，如果将来你的政府降罪于你，我们国家一定会出面干涉的，我们会保护你的。”维特自作聪明地劝着。

10“我是大清的臣子，干吗要让俄国来保护？为什么用你们来干涉？这种背叛国人的龌龊事我杨儒绝不会做！”

11 杨儒义正词严。维特见杨儒态度坚决，只好灰溜溜地回去报告。沙俄政府又向清廷施加压力，希望清朝早日就范。

12 为了保存自己的统治地位，主和派的李鸿章在慈禧的授意下给杨儒拍发了电报。

13 电报中说：“势处万难，不得不允，请酌情画押，勿误。”“哼，我是全权大使，我绝不做卖国大使！”杨儒看了李鸿章的电文，十分气愤。

14“给你 15 天期限，到时不签字，一切后果都由你方负责！”沙俄外交大臣见杨儒拒不签字，怒吼着下了最后通牒。

15 内外交困之下，杨儒病倒了。

16 清廷的怯懦、杨儒的大义，激起了全国人民抗俄保国的激情，他们纷纷举行集会游行。英、日等国目睹中国人民高涨的爱国热情，同时为了各自在华的利益，也反对清廷与沙俄签约。

17 在这种形势下，清廷终于做出了支持杨儒、拒不签字的决定。"朝廷决定不签字！""大人可以答复俄国人了！"手下的人接到朝中的电报，高兴地告诉了杨儒。

18"快备车！去通知俄国人，让他们死了这条心。"

19 得到消息的杨儒万分激动，不顾病痛的折磨，冒雪奔向俄国大使驻地。

20 民族大义，千古一题。杨儒在民族危亡时刻不为利益所动，深明大义，保全了国家的领土和尊严。

义

取舍行宜之道

YI QUSHE XINGYI ZHI DAO

舍生取义的邓世昌

1“全体舰只注意，呈一字横阵迎击日舰！”北洋海军提督丁汝昌，通过指挥旗向部下发出了反击入侵者的命令。

2 海面上，侵华日军的十几艘装备先进的战舰已一字排开，虎视眈眈地开了过来，妄想一举吞掉北洋水师。

3“打！”丁汝昌一声令下，震惊中外的中日甲午战争的序幕——黄海大战开始了。“致远”号管带邓世昌接到命令后，带领他的部下向敌人发起了猛攻。

4“旗舰起火了！”负责观察情况的士兵喊了起来。只见旗舰已是浓烟四起，日舰的炮口都对准了旗舰。

5“快，挡住敌人火力，掩护旗舰！”邓世昌果断地下达命令。敌人的火力虽被吸引过来，但旗舰已无法修复，只得拖着重伤的船体，撤出了战斗。

6 失去了旗舰的指挥，北洋水师各舰无法协同作战，只得各自为战，进攻的威力大大减弱了。

7“全力包围，攻击‘致远’号！”日军司令伊东祐亨传下了命令。

8 陷入重围的邓世昌，沉着稳健地指挥士兵作战。“轰轰隆隆”一场孤军奋战的激烈战斗在宽阔的海面上展开了。

9“中了！”一发炮弹击中了伊东的指挥舰“吉野”号。“完了！”伊东祐亨长叹一声，闭上了眼睛。

10 一秒、两秒、三秒……炸弹没有爆炸，伊东莫名其妙地睁开了紧闭的双眼，发现炮弹只是穿船而过，呆愣的脸上露出了侥幸的笑容。

11“炮弹怎么没爆炸？”邓世昌焦急地问。“炸弹已经用完了，只剩几枚不爆炸的教练弹了。”炮手无可奈何地说。

12“抓活的，抓住邓世昌！”见“致远”号没了炮弹，伊东张牙舞爪地喊起来。

13 日舰越来越近，包围圈越缩越小。望着焦虑的部下和疯狂的敌人，邓世昌飞快地思索着对策：击沉“吉野”，敌舰阵必乱，定会打击敌人的侵略气焰。

14“弟兄们，我们就是死也要拼出中国海军的威风，报国的时刻到了！”邓世昌下令“致远”号开足马力向“吉野”号冲去，准备与它同归于尽。

15 伊东祐亨见邓世昌的舰全速向自己的舰驶来，大吃一惊，忙命令士兵向“致远”号开炮。

16 一时间，炮弹像雨点一样落在“致远”号舰上，舰上的士兵死的死，伤的伤，一片惨象。

17“吉野，伊东祐亨，今天我撞也要把你撞沉！”从硝烟中爬起来的邓世昌，来不及包扎伤口，握紧舵轮，高喊着向“吉野”号冲去。

18 一枚炮弹击中了“致远”号鱼雷发射管，导致“致远”号鱼雷爆炸，“致远”号沉没了，邓世昌被掀入海中……

19 残阳如血，照着硝烟弥漫的海面。在爱犬“太阳”的帮助下，邓世昌爬上了岸，他的心碎了。

20“太阳”很理解主人的心思，死死地咬住邓世昌的长发，低低地呜咽着，想阻止主人的行动。

21 邓世昌理解他的爱犬“太阳”的意思。可望着海面上漂浮的血肉模糊的尸体和战舰的碎片，他的心碎了，他不愿苟活下来。于是他将爱犬“太阳”按入水中，与自己一起沉入大海，献出了自己宝贵的生命。此时，邓世昌年仅 45 岁。

22 邓世昌的英勇事迹举国震动。光绪皇帝撰联：“此日漫挥天下泪；有公足壮海军威。”并赐邓世昌“壮节公”谥号。他舍生取义、慷慨赴死的英雄壮举，鼓舞和激励着千千万万爱国的人。

义

取舍行宜之道

YI QUSHE XINGYI ZHI DAO

举大义捐资为国家

1 卜式是西汉时河南郡（今河南省洛阳一带）人，以放牧为业。他善于放牧，精通牲畜的繁殖培育，因此生活也逐渐富裕起来。

2 卜式父母早丧，不但没给他留下什么家产，还留下了一个幼小的弟弟，他含辛茹苦地将弟弟抚养成人。一天，弟弟说："哥哥，我已经长大成人了，打算出去做生意。"

3 卜式说："你又不会干这一行，别出去了，就在家干吧！"于是就把自己积蓄多年的田产钱财都给弟弟留下，自己赶着一百多只羊上山放牧。

4 到了山上，卜式利用林间空地做草场，积攒羊粪做肥料，种植优质牧草。十几年后，羊繁育到一千多只，他买下了田产和房子，日子又富裕起来。

5 这时弟弟却由于经营不善，加之遇上天灾人祸破产了。卜式听到这个消息，立即慷慨地把自己积累了十几年的田宅财产分给了弟弟一些，让弟弟重振家业，走上了共同富裕的道路。

6 当时，汉朝正在出兵讨伐匈奴，军费开支很大，国库空虚。卜式给汉武帝上书，表示愿意捐献一半家财支援边防。汉武帝收到卜式的信，派了一个使者去找卜式，问他："你捐献那么多财产，是想要做官吗？"

7 当时汉朝政府为了解决财政困难，规定平民百姓可以用钱买官做，甚至可以买贵族称号。“我从小放牧，不会做官，所以不想买官做。”卜式照实回答。

8“那么，你家里是不是有什么冤屈之事，想通过捐献财物向上面申诉呢？”使者语气坚定，觉得这种可能性很大。

9“我平生与人无争，善待乡邻。贫穷的，我借钱给他们渡过难关；品行不端正的，我开导他们改正错误。无论我走到哪里，人们都愿意听我的话，我能有什么冤情呢？”卜式如实回答。

10“那么，你捐出这么多钱财，到底是为什么呢？”使者大惑不解。“天子正在讨伐匈奴，我想，在国家兴废存亡的生死关头，仁人志士应当为国捐躯，战死沙场。”

11“像我们这些没有什么大本事、只是家里有点钱的人，理应为国家积聚、输送钱财。这样才能击败匈奴，保卫国家安全，使人民安居乐业。”卜式和盘托出了心里的想法。

12 使者回到朝廷后，如实地把卜式这番发自肺腑的话报告给了汉武帝。

13 汉武帝又去征询丞相公孙弘的看法。公孙弘是一个以节俭著称的大臣，说话也很实在，但他无论如何也理解不了卜式的举动，就对汉武帝说："卜式捐献这么多钱财，而又不希望得到什么，这是不近人情的。"

14"他一定有什么不轨的图谋，想以此来赢得陛下的欢心！"于是汉武帝就没有召见卜式，卜式还是继续放羊。

15 过了一年多，汉朝军费更加短缺，不但要安置匈奴投降归顺的部落，而且还得救济灾区的饥民。卜式所在的河南郡也出现了财政开支捉襟见肘的局面。

16 卜式知道国家困难重重、财力应付不过来后，不顾一年前那次诚心捐献反受朝廷怀疑的委屈，毅然捐献二十万钱给河南郡。

17 河南郡的富裕户中有不少人在卜式的劝说和带动下捐献了一些钱财。河南郡守写上捐助者的姓名、钱数，呈报给了汉武帝。汉武帝一看，名单上为首的又是卜式，就召见了他，任命他为中郎，赐给他左庶长这个汉代第十等的爵位。

18 卜式不愿做中郎，百般推辞，汉武帝只好叫他去放牧上林苑养着的羊。卜式一听是跟羊打交道，才高高兴兴地穿着布衣草鞋到上林苑放羊去了。做好事而受到误解，自古以来不乏其人。而像卜式这样诚心诚意急国家之难，受到挫折仍不改初衷的国家主人翁精神，才是最难能可贵的！

编 后 记

以《中华文圣——孔子》为代表的中华优秀儒学传统文化中的精华“诚”“信”“忠”“孝”“仁”“和”“礼”“义”“恕”“廉”“智”“行”的系列故事共13册大型原创手绘连环画丛书，是我前后历经17年业余时间搜集、阅读、整理、编写的成果。在2019年8月，这套共13册的大型原创手绘连环画丛书，终于由东方出版社出版，完整地呈现在读者面前。我17年的煎熬，虽苦犹乐，甚感欣慰。

出版这套大型原创手绘连环画丛书，是我多年的热切追求和梦想。正所谓“路曼曼其修远兮，吾将上下而求索”！几十年来，在我日常生活或社会交往中，在车站、机场、码头或其他公众场所，常见到“无尊长、无敬畏、无廉耻、无忠孝、无礼让、无诚信”等道德缺乏、行为失范的社会现象，引起了我的深刻思考：难道历经数千年的中华民族优秀传统文化在当今就没有用了吗？然而，纵观世界先进国家的发展历史，我深切地感受到：一个具有优秀素养的民族，乃国家强盛的根基；尤其是在社会不断开放，科技飞速发展，传播手段多样，各种文化现象、思想相互碰撞冲击的今天，弘扬传承中华民族优秀的传统文化，尤显迫切和重要，仍具有重要的现实意义。

编辑出版中华民族人文修养经典故事丛书，愿中华民族优秀传统文化的人文核心价值，在国家发展的历史进程中，重塑“引领风尚、促进和谐”的精神文明，让全社会进一步树立扬善去恶、明辨荣辱的观念，构建“助人为乐、以和为贵”的良好人际关系。让优秀的传统文化如春风、似春雨，滋润更多人心，让千年文明之光照耀中华大地。

“明理须读书，立德先修身。”我苦心孤诣策划出版这套大型原创手绘传统连环画丛书，意在用通俗易懂的方法和以事感人、以理服人的大众传播方式，弘扬传承中华民族的优秀文化。本丛书用许多故事来反复印证主题——“读书百遍，其义自见”，试图对广大青少年和社会大众在加强修养、提升个人素质方面起到潜移默化的作用，以中华民族优秀传统文化的伟大力量，去激发中华儿女昂然崛起的生命冲动，实现中华民族的伟大复兴！

如是，则民族幸甚，国家幸甚，天下幸甚！

由于学识有限，加之该文化工程面宽量大，难免有疏漏错误之处。主观上想扬弃和倡导的东西，客观上未必尽能如愿，希望读者朋友评点是非，明勘谬误，求其正范。

“中华民族人文修养经典故事”丛书

李彗生

2019年5月